일상생활 속에 숨어 있는 화학의 원리에 대해 알아봐요

별의별 원소들

로버트 윈스턴 글/ 이강환 옮김/ 김희준 감수

비룡소

끼니 때가 되면 어김없이 배가 고파져요.
그런데 왜 우리는 끊임없이 무언가를 먹어야만 할까요?
우리가 먹고 있는 음식 속에 무엇이 들어 있기에 그런 거죠?
우리 몸은 무엇으로 만들어져 있는지, 우리를 살아 있게 하는 것이 무엇인지 궁금해해 본 적 없나요?

우리가 일상생활에서 느끼는 많은 의문들의 답이 바로 원소에 있어요.
원소는 모든 물질을 이루는 가장 기본 요소이지요.
화학자이자 의사인 나는 원소들의 이름과 성질을 달달 외워야 했어요.
하지만 내가 스키를 탈 때 스키가 무엇으로 만들어져 있는지,
텔레비전이 어떻게 작동되는지 알게 되는 것은 무척 즐거운 일이었어요.

우주를 구성하는 원소의 비밀을 찾아 떠난 모험은 아주 오래전부터 시작되었어요.
연금술사들은 황금을 만드는 비밀을 알아내려고 끊임없이 원소들을 실험했고,
이제 과학자들은 원소들로 새로운 물질을 만들어 낼 수 있게 되었답니다.

자, 그럼 세상 모든 것을 이루는 원소들을 하나하나 만나 볼까요?

로버트 윈스턴

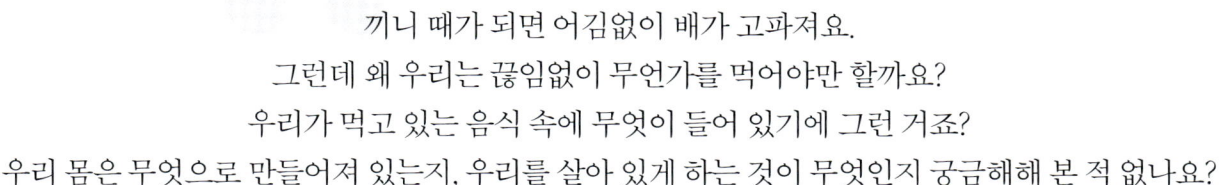

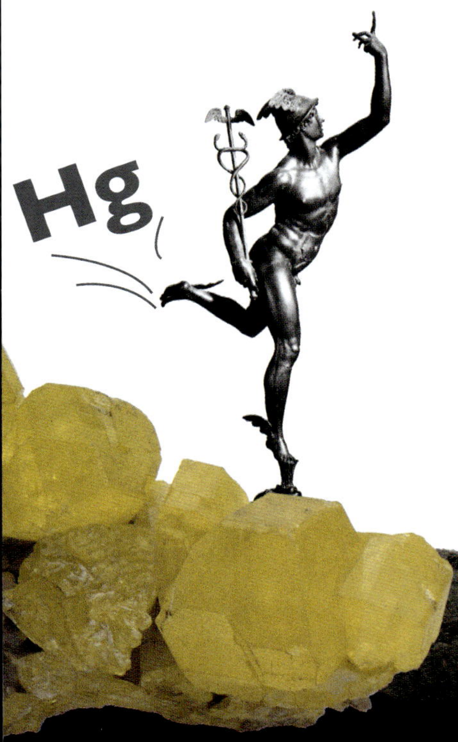

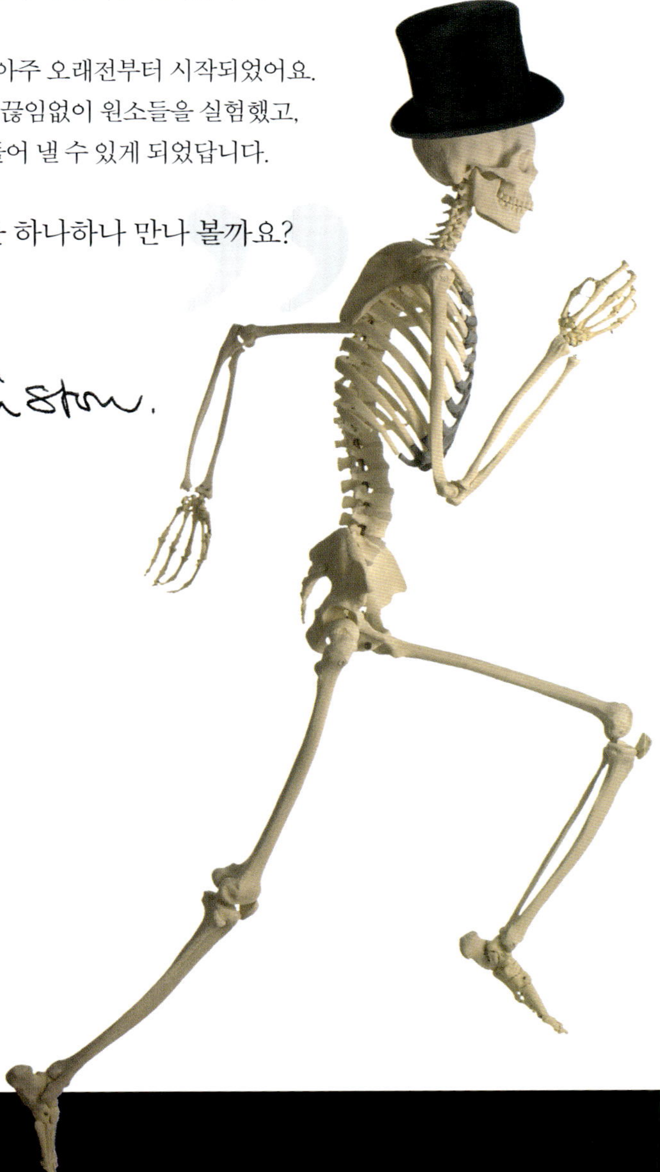

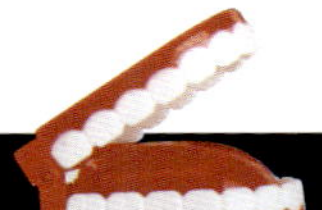

차례

 원소의 발견

 우주에서 온 원소들

 원소들의 이름에 담긴 이야기

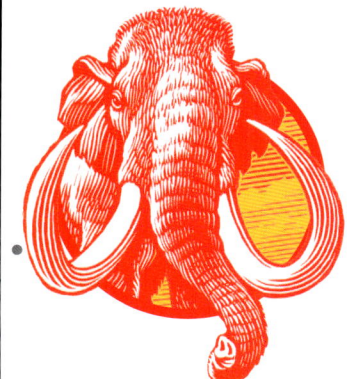

그리스의 현자들 ……………………… 10	원소들을 줄 세워라! ……………………… 20
어긋난 시작 ……………………… 12	빛을 내는 원소 ……………………… 22
비밀스러운 주문 ……………………… 14	원자 속으로 ……………………… 24
공기를 연구해요 ……………………… 16	주기율표 ……………………… 26
전기의 등장 ……………………… 18	

원소의 탄생 ……………………… 30	색색의 원소들 ……………………… 56
언제나 일등 수소 ……………………… 32	원소들의 불꽃 축제 ……………………… 58
둥실둥실 헬륨 ……………………… 34	반짝반짝 은 ……………………… 60
생명의 원소 산소 ……………………… 36	번쩍번쩍 금 ……………………… 62
돌고 도는 질소 ……………………… 38	생활 속에서 자주 만나는 원소들 ……… 64
변신의 천재 탄소 ……………………… 40	형광등을 어떻게 만들까? ……………… 66
개를 만들려면 어떤 원소들이 필요할까? … 42	무시무시한 독성 원소들 ……………… 68
물속에 녹아 있는 원소들 ……………… 44	꾸깃꾸깃 알루미늄 ……………………… 70
원소를 오물오물! ……………………… 46	신통방통 규소 ……………………… 72
짭짤한 나트륨 ……………………… 48	구린내 나는 황 ……………………… 74
튼튼 칼슘 ……………………… 50	신비의 물질 수은 ……………………… 76
햇빛 사냥꾼 마그네슘 ……………… 52	청소 대장 염소 ……………………… 78
단단한 철 ……………………… 54	원소를 새롭게 만들어라! ……………… 80

알칼리금속과 알칼리토금속 ………… 84	전이후금속과 비금속 ……………… 90
란탄족과 악티늄족 원소 ……………… 86	할로겐족과 비활성 기체 ……………… 92
전이원소 ……………………… 88	

낱말 풀이	……………………… 94	찾아보기	……………………… 96

"**원소**는 어디에나 있어요.
조그만 돌멩이 속에도 있고, 하늘에 떠 있는
태양 속에도 있지요. 어떤 물질이든 그것을
수없이 쪼개고 쪼개다 보면 원소만 남게 돼요.
전 우주를 통틀어 발견된 원소의 종류는
100가지가 조금 넘지요.

그 가운데 몇 가지 원소만 있어도 아주 많은 걸 만들 수 있답니다.
지금 읽고 있는 이 책을 예로 들어 볼까요?
글자에 인쇄된 잉크는 탄소로 만들어졌어요.
또 종이는 대부분 탄소, 수소, 산소 이 세 가지로 만들어졌답니다.

눈에 보이지 않을 만큼 작고 단순하게 생긴 원소들이 모여 온갖 복잡한 것들을 만들어요.

원소의 발견

" 먼 옛날부터
사람들은 원소를
이용해서 생활했어요.

선사 시대부터 사람들은 손재주가 좋았어요.
뼈를 깎아서 몽둥이를 만들기도 하고,
돌을 갈아서 뾰족한 석기를 만들고,
금을 녹여서 아름다운 그릇을 만들기도 했지요.

하지만 사람들은 무언가를
깎고, 다듬고, 끓이는 것이 바로
실험이라는 것을
전혀 깨닫지 못했어요.

수천 년이 지나 고대 그리스 시대가 되어서야
철학자들은 세상을 이루고 있는 것이 무엇인지
궁금해하기 시작했어요. "

원소의 발견

내 생각에는…….

엠페도클레스
(기원전 490년~430년)

그리스의 현자들

고대 그리스 시대의 철학자들은 세상이 무엇으로 이루어졌는지 궁금해했어요.

흙
흙은 건조하고 차가운 성질을 가졌다고 생각했어요.

물

물은 축축하고 차가운 성질을 가졌다고 생각했어요.

불

불은 뜨겁고 건조한 성질을 가졌다고 생각했어요.

기원전 490년~기원전430년

원자의 모양!

위대한 철학자인 플라톤은 각 원소들의 원자는 모두 다른 모양을 가지고 있다고 생각했어요. 정다면체는 다섯 종류인데 우연히도 다섯 개의 원소와 잘 들어맞았지요.

흙 원자는 **정육면체** 모양으로 생겨서 빈틈없이 쌓을 수 있다고 생각했어요.

물 원자는 **정이십면체**처럼 둥글게 생긴 줄 알았어요.

불에 데면 뜨끔하기 때문에 불 원자는 **뾰족한 정사면체** 모양일 거라고 생각했어요.

원자를 뜻하는 '아톰(Atom)'은 그리스 어로 '더는

그리스의 현자들

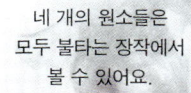
네 개의 원소들은 모두 불타는 장작에서 볼 수 있어요.

그리스의 철학자 엠페도클레스는 모든 물질은 흙, 불, 물, 공기 네 개의 원소로 이루어져 있다고 생각했어요. 그는 자신의 생각을 5,000줄의 시로 기록했답니다.

예를 들어, 불타는 장작에서 재는 **흙**으로, 나무 속의 수액은 **물**로, 연기는 **공기**로, 그리고 열은 **불**로 이루어져 있다고 생각했지요.

공기

공기는 축축하고 건조한 성질을 갖고 있다고 생각했어요.

아리스토텔레스와 제5원소

그리스 철학자 아리스토텔레스는 우주는 다섯 번째 원소인 에테르도 채워져 있다고 생각했어요.

데모크리토스는 그리스 학자들과 다른 생각을 했어요. 그는 동전이 닳는 것을 보고 물질이 아주 작은 조각들로 이루어져 있다고 생각하고 가장 작은 조각을 '원자'라고 불렀어요. 데모크리토스는 이 생각을 뒷받침할 만한 근거를 찾지 못했지만 꼭 맞는 생각이었어요.

공기는 **정팔면체** 모양이라고 생각했어요.

에테르는 **정십이면체** 모양이라고 생각했어요.

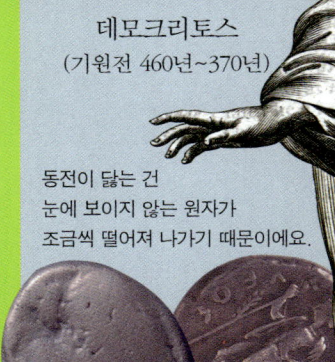
데모크리토스 (기원전 460년~370년)

동전이 닳는 건 눈에 보이지 않는 원자가 조금씩 떨어져 나가기 때문이에요.

'쪼개지지 않는다'는 뜻이 담겨 있어요.

어긋난 시작

죽음의 의사

'방사'라고 불리었던 중국의 학자들은 모든 병을 치료하고 더 오래 살 수 있는 약을 만들기 위해 원소를 가지고 실험해 보았어요. 하지만 대부분은 실패로 끝났고 도리어 몸에 해로운 약을 만들고 말았지요. 스스로를 늙지도 않고 죽지도 않는 신으로 믿고 있던 진시황은 자신도 병에 걸릴 수 있다는 것을 알게 되자 서불이라는 도사에게 불로불사의 약을 만들도록 명령했어요. 서불이 만들어 준 불로불사약에는 수은이 들어 있었는데, 수은은 사실 치명적인 독약이지요. 결국 그 약을 먹은 진시황은 죽고 말았답니다.

很好吃!
(냠냠, 맛있군!)

진시황이 죽었어!
불사신인 줄 알았는데!

기원전 210년   **270년**

잃어버린 도서관

고대 이집트에서 시작된 연금술은 구리나 납 등으로 금을 만들고, 늙지 않는 약을 만들려고 하는 일종의 화학 기술이었어요. 연금술에 관한 기록은 당시 가장 큰 도서관이었던 알렉산드리아 도서관에 보관되어 그리스와 아라비아로 전해졌어요. 하지만 불행히도 이 도서관은 오래전에 없어지고 말았지요. 오늘날에도 이 거대한 도서관에 있던 기록들을 볼 수 있다면 얼마나 좋을까요?

흰색 옷을 입은 사제들이 연구하던 연금술은

어긋난 시작

그리스의 철학자들은 이제 원소보다 사람에 대해서 관심을 가지게 되었어요.
유명한 철학자 소크라테스도 "너 자신을 알라."고 말했지요.
이제 연금술은 사람들 몰래 연구해야 하는 비밀스러운 학문이 된 거예요.

금

현자의 돌

중세 유럽의 연금술사들은 아라비아에서 배운 지식으로 납과 같은 금속을 금으로 바꾸기 위해 애썼어요. 오랜 세월 동안 어둡고 음침한 방에 틀어박혀 금을 만들 수 있고, 영원히 살 수 있는 비밀을 간직한 현자의 돌을 만들기 위해 원소들과 씨름했지요.

소설이자 영화로 유명한 「해리 포터」 시리즈에서 나쁜 마법사 볼드모트가 힘을 되찾기 위해 손에 넣으려고 하는 것이 바로 현자의 돌이에요.

776년

화학의 시작

황

아라비아의 연금술사들은 실험을 중요하게 여겼어요. 그래서 유리병과 유리관을 이용해 여러 물질들을 섞고, 끓여 보았어요. 그 결과 화합물에서 순수한 물질을 분리하기도 하고, 새로운 화합물들을 만들어 내기도 했지요. 아라비아의 연금술사들은 공기, 물, 불, 흙과 황, 수은을 섞으면 금을 만들 수 있다고 생각했어요. 그 실험은 과연 성공했을까요?

이제 사악하고 음흉한 마술로 여겨졌어요.

13

비밀스러운 주문

원소를 나타내는 암호

비소

수리수리 마수리!

가톨릭교회에서는 연금술을 어둠의 마법이라고 여겼어요. 처음으로 비소를 발견한 독일의 수도사 알베르투스 마그누스는 연금술을 사용했지만 다행히 종교계에서 눈 감아 주었지요. 하지만 마그누스가 요술을 한다며 곱지 않게 보는 사람도 많았어요.

비소

1250년   1382년

영화 「해리 포터」 시리즈의 주인공 해리 포터

연금술사들은 자신들만 알아볼 수 있도록 원소를 수수께끼 같은 그림과 기호로 표시했어요.

황금을 만든 사람

1300년대 프랑스 파리에 살았다고 전해지는 니콜라우스 플라멜은 책을 빌려 주거나 파는 일을 하는 사람이었어요. 어느 날, 천사가 나오는 꿈을 꾼 플라멜은 우연히 얻게 된 낡은 책을 보고 현자의 돌을 만들어 내고, 금을 만들어서 가난한 사람들을 도왔다고 전해지지요. 『해리 포터와 마법사의 돌』에서도 현자의 돌 덕분에 600년이 넘게 살고 있다고 나와요.

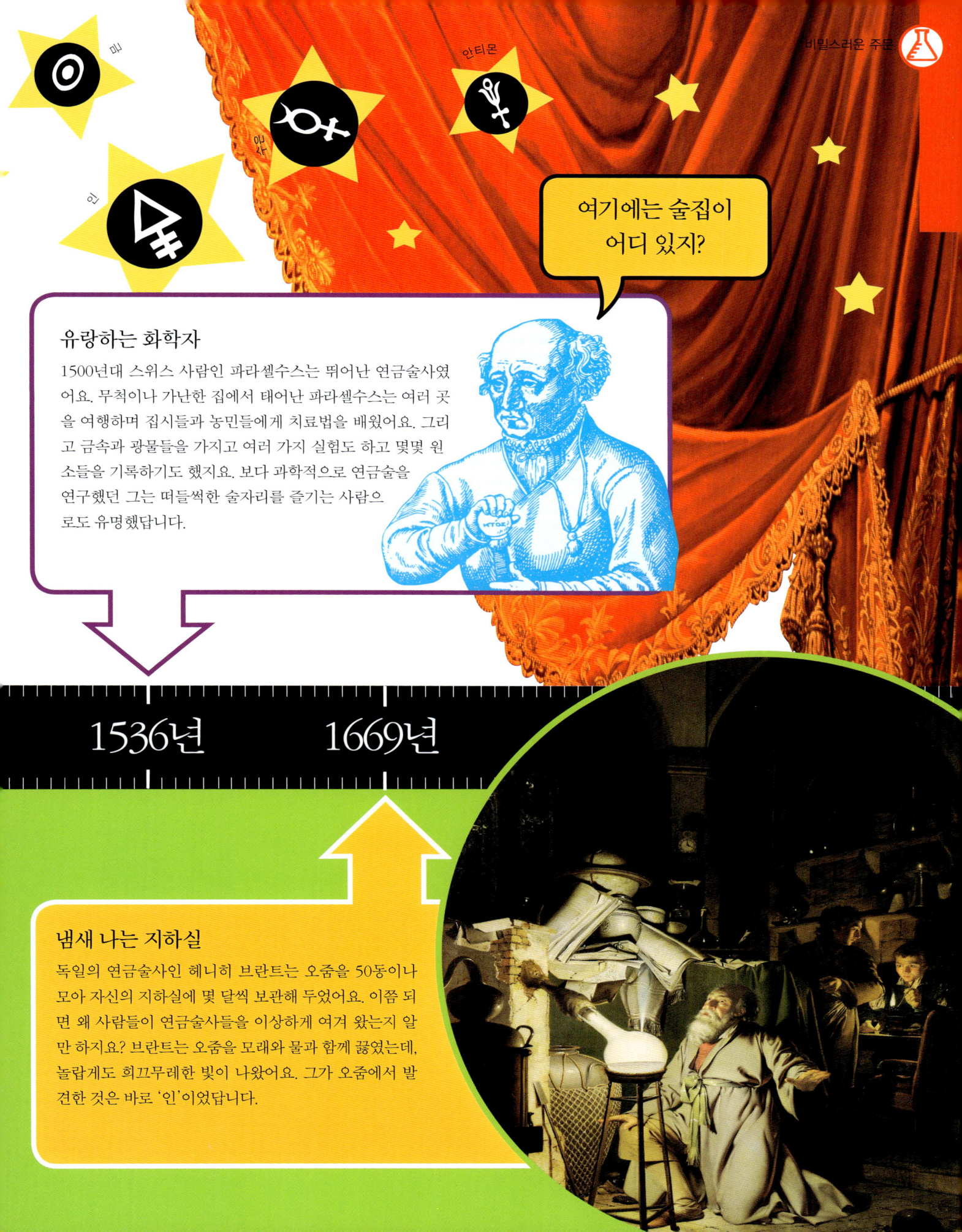

유랑하는 화학자

1500년대 스위스 사람인 파라셀수스는 뛰어난 연금술사였어요. 무척이나 가난한 집에서 태어난 파라셀수스는 여러 곳을 여행하며 집시들과 농민들에게 치료법을 배웠어요. 그리고 금속과 광물들을 가지고 여러 가지 실험도 하고 몇몇 원소들을 기록하기도 했지요. 보다 과학적으로 연금술을 연구했던 그는 떠들썩한 술자리를 즐기는 사람으로도 유명했답니다.

여기에는 술집이 어디 있지?

1536년   1669년

냄새 나는 지하실

독일의 연금술사인 헤니히 브란트는 오줌을 50동이나 모아 자신의 지하실에 몇 달씩 보관해 두었어요. 이쯤 되면 왜 사람들이 연금술사들을 이상하게 여겨 왔는지 알 만 하지요? 브란트는 오줌을 모래와 물과 함께 끓였는데, 놀랍게도 희끄무레한 빛이 나왔어요. 그가 오줌에서 발견한 것은 바로 '인'이었답니다.

원소의 발견

공기를 연구해요

1500년대가 되자 과학은 놀라운 발전을 이루었어요. 코페르니쿠스는 지구가 태양 주위를 돌고 있다고 주장했고, 뉴턴은 중력을 발견했지요. 무엇보다도 중요한 것은 과학자들이 자신의 주장을 증명하거나 다른 사람의 주장을 반박하기 위해 실험을 하기 시작했다는 거예요. 연금술사들은 공기를 가지고도 실험하기 시작했습니다.

> 나는 연금술사가 아니라 위대한 **화학자**라고!

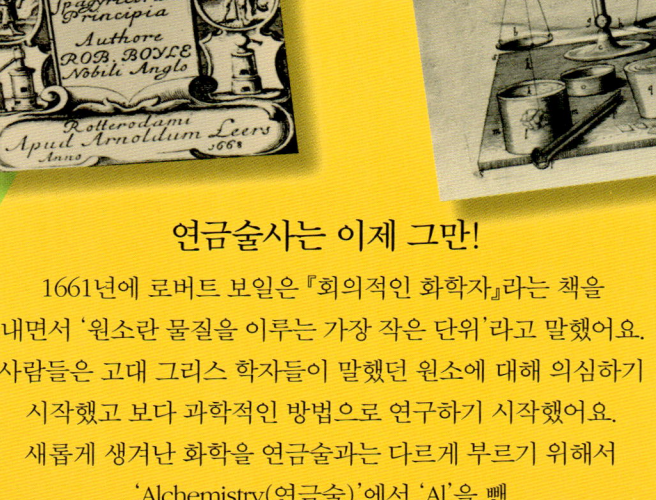

1600년대   1661년

가스 공격

벨기에의 연금술사 반 헬몬트는 여러 가지 기체를 실험했는데, 유리로 된 실험 기구들이 깨지곤 했어요. 이 요술 같은 기체를 그리스 어인 '카오스'를 따서 '가스'라고 불렀어요.

> 대체 무슨 가스지?

연금술사는 이제 그만!

1661년에 로버트 보일은 『회의적인 화학자』라는 책을 내면서 '원소란 물질을 이루는 가장 작은 단위'라고 말했어요. 사람들은 고대 그리스 학자들이 말했던 원소에 대해 의심하기 시작했고 보다 과학적인 방법으로 연구하기 시작했어요. 새롭게 생겨난 화학을 연금술과는 다르게 부르기 위해서 'Alchemistry(연금술)'에서 'Al'을 뺀 'Chemistry(화학)'이라고 불렀지요.

공기를 연구해요

프리스틀리가 만든 탄산음료는 톡 쏘는 맛으로 사람들에게 좋은 반응을 얻었어요. 소다수로 이름 붙여진 이 음료는 전 세계 사람들이 마시게 되었답니다.

다양한 가스

1774년에 과학자 조지프 프리스틀리는 산소를 발견했어요. 하지만 산소라는 말 대신 '플로지스톤이 빠진 공기'라고 불렀지요. 그는 여덟 개의 기체를 발견함으로써 그때까지 공기는 한 종류뿐이라는 생각이 틀렸다는 것을 증명했어요. 프리스틀리는 가스를 물속에서 모으는 기구도 만들어 냈어요. 또 이산화탄소를 물에 녹여서 탄산음료를 만들기도 했답니다.

조지프 프리스틀리가 만든 기구

플로지스톤 이론

독일의 화학자 게오르크 슈탈은 물질 안에는 플로지스톤이라는 물질이 들어 있어서, 물질이 탈 때 빠져나온다고 생각했어요. 플로지스톤은 색깔이나 냄새, 무게가 없는 물질이라고 생각했답니다.

라부아지에는 프랑스 혁명 때 교수대에서 처형당하고 말았어요.

1702년   1774년   1779년

'보일의 법칙'으로 유명한 화학자 보일도 다른 물질로 금을 만들 수 있다는 허무맹랑한 생각을 버리지 않았어요. 하지만 과학적인 방법으로 실험했고, 정확하고 논리적으로 기록했답니다.

현대 화학의 아버지

프랑스의 화학자 앙투안 라부아지에는 산소에 이름을 붙이고, 산소가 있어야 불꽃이 일어난다는 사실을 밝혀냈어요. 그는 플로지스톤 이론이 틀렸다는 것을 증명했고, 수천 년 동안 내려오던 그리스의 네 가지 원소 학설도 잘못되었다는 것을 밝혀냈지요. 그는 수소와 몇몇 원소들의 이름을 붙이고 그 당시에 알려진 33가지 원소 목록을 작성했어요. 몇 가지가 틀리긴 했지만 이것만 해도 정말 굉장한 거죠! 세금을 거두어들이는 일을 했던 라부아지에는 프랑스 혁명 때 죽임을 당하고 말았어요. 동료였던 한 과학자는 그의 죽음을 안타까워하며 이렇게 말했다고 해요. "그의 머리를 자르는 데는 일 분도 걸리지 않았지만 그런 머리를 다시 얻기 위해서는 백 년을 기다려야 할 것이다."

아직 연구해야 할 것이 많이 남았는데!

원소의 발견

전기의 등장

원자란 무엇일까?

에헴, 내가 좀 대단하지?

영국의 과학자 **존 돌턴**은 색을 잘 구별하지 못하는 색맹이고, 실험도 좀 서툴렀어요. 그랬던 그가 직접 만든 기구로 실험한 다음 **'원자설'**이라고 하는 굉장한 이론을 만들어 냈어요. 돌턴의 원자론에 대해 한번 살펴볼까요?

난 수소 원자야!

1. 원소는 '원자'라고 하는 작은 입자들로 이루어져 있어요.

1803년   **1807년**

전기를 쓰면 딱 좋겠는걸!

불이 잘 붙는 메탄가스가 있는 곳에서는 안전등의 불꽃이 아주 밝게 빛나요.

똑똑한 램프

이산화질소를 습관적으로 들이마시던 험프리 데이비 경은 처음으로 전기를 이용하여 물질을 분해했어요. 이런 방법을 '전기 분해'라고 부르지요. 데이비는 어두컴컴한 광산에서 일하는 광부들을 위해 안전등을 발명한 것으로도 유명하답니다.

전기의 등장

1800년대에는 화학자들에게 새로운 장난감이 생겼어요.
바로 전기죠! 화학자들은 전기로 물질을 분해해서
원소를 얻을 수 있게 되었답니다.

난 아주 가볍지.

2. 한 원소를 이루고 있는 원자들은 모두 다 똑같아요. 모든 원자들은 저마다 고유한 원자량을 가지고 있지요.

나는 산소 원자예요. 수소 원자보다 무거워요.

3. 원소가 다르면 원소를 이루고 있는 원자들도 달라져요.

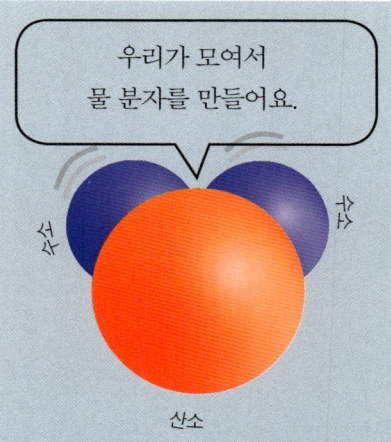

우리가 모여서 물 분자를 만들어요.

4. 한 원소의 원자들은 다른 원소의 원자들과 결합하여 화합물을 만들 수 있어요.

5. 화학 반응에서는 원자들이 결합하는 방식이 바뀌어요.

1828년

원소 기호의 탄생

스웨덴의 화학자인 야콥 베르셀리우스는 전기 분해에 능숙했어요. 그는 산소의 원자량을 기초로 다른 원자들의 원자량을 결정했지요. 또 각 원소들의 기호도 만들어 냈어요. 이제야 비로소 화학이 자신만의 언어를 가지게 된 거예요.

$$O + H + H \rightarrow H_2O$$

산소　　　수소　　　수소　　　　　물

프랑켄슈타인

1818년에 출판된 메리 셸리의 소설 『프랑켄슈타인』은 화학자와 연금술사들의 실험에서 영감을 받은 작품이에요. 빅터 프랑켄슈타인 박사는 죽은 사람에게 전기 충격을 주어 생명을 불어넣어요. 하지만 그렇게 되살아난 프랑켄슈타인은 괴물이 되어 결국 빅터 박사를 죽이고 말지요.

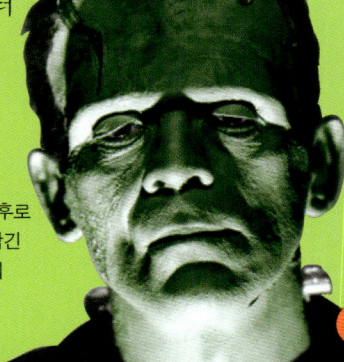

『프랑켄슈타인』 이후로 과학적 상상력이 담긴 소설이 많이 나오기 시작했어요.

원소의 발견

원소들을 줄 세워라!

여러 가지 원소들을 발견하게 되자 과학자들은 이 원소들의 공통점이나 다른 점 등을 찾으려고 노력했어요. 무게를 재고 특징을 찾아 원소들끼리의 규칙을 찾으려고 했지요.

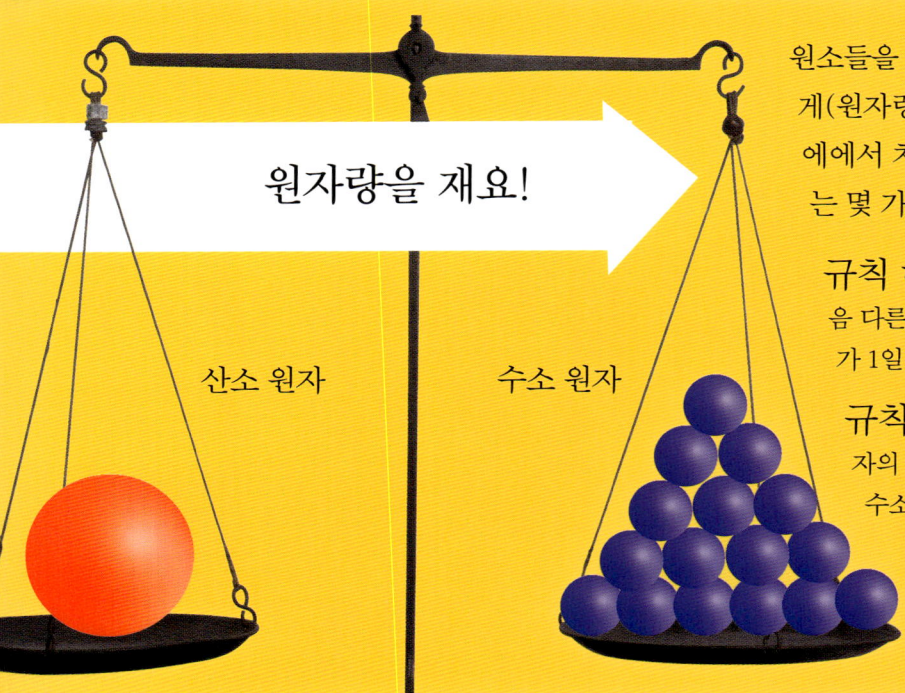

원자량을 재요!

산소 원자   수소 원자

원소들을 분류하기 위해서 가장 먼저 필요한 것은 원자의 무게(원자량)를 재는 거였어요. 그래서 1860년 독일의 칼스루에에서 처음으로 화학자들이 모임을 열어 원자량을 계산하는 몇 가지 규칙을 정했지요.

규칙 하나! 가장 가벼운 원소인 수소의 무게를 1로 정한 다음 다른 원소의 무게를 수소와 비교해요. 예를 들어, 수소의 무게가 1일때 산소는 8이 돼요.

규칙 둘! 원소의 무게에 그 원소와 결합할 수 있는 수소 원자의 개수를 곱해요. 예를 들어, 산소는 수소보다 8배 무겁고, 수소 원자 2개와 결합돼요. 그래서 산소의 원자량은,

$$8 \times 2 = 16$$

16이에요. 원자의 무게를 더 정확히 표현해서 원자의 질량이라고 부르기도 해요.

1817년   1862년

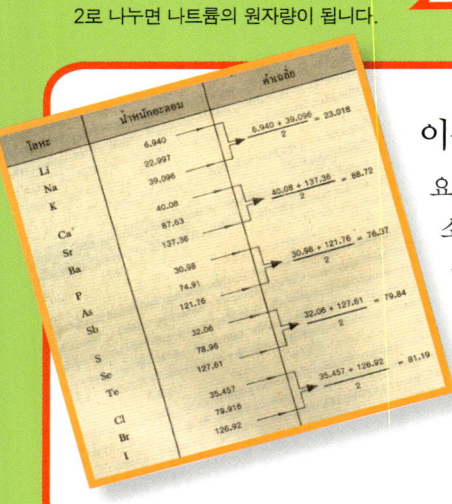

리튬과 칼륨의 원자량을 더한 후, 2로 나누면 나트륨의 원자량이 됩니다.

이상한 수학

요한 되버라이너는 특정한 원소 세 개를 하나의 그룹으로 묶으면 수학적 규칙성이 생기는 것을 알아냈어요. 이것을 '3가 원소(세 쌍둥이 원소)'라고 불렀지요.

꼬불꼬불 주기율표

맨 처음 주기율표를 만든 사람은 프랑스의 화학자 드 샹쿠르투아였어요. 샹쿠르투아는 '땅의 나선'이라고 하는 주기율표를 만들었어요. 이 표는 원기둥에 선을 긋고 저마다 닮은 원소가 나란히 있는 것을 보여 주었지요. 하지만 너무 복잡해서 널리 쓰이지는 못했어요.

땅의 나선 주기율표

발견되지도 않은 원소의 성질을 알아맞히다!

아래 그림을 자세히 보세요. 멘델레예프가 물음표를 해 놓은 것이 보이나요? 멘델레예프는 주기율표의 칸을 다 채우려면 더 많은 원소들이 필요하다는 사실을 알아냈어요. 아직 발견되지 못한 원소들의 원자량과 화학적 성질도 알아냈지요. 나중에 발견된 원소들은 정말로 멘델레예프가 말한 그대로였답니다.

멘델레예프는 카드 게임을 하는 꿈을 꾸다가 주기율표를 생각해 냈다고 해요.

대단한 멘델레예프와 대단한 어머니

드미트리 멘델레예프는 1834년 러시아의 시베리아에서 14형제 가운데 막내로 태어났어요. 멘델레예프의 어머니는 막내가 무척 똑똑하다는 것을 알고는 상트페테르부르크에 있는 대학에 보내려고 했어요. 어머니는 멘델레예프와 1,500킬로미터가 넘는 길을 걷거나 마차를 타고 갔어요. 어머니는 멘델레예프가 대학에 입학한 지 10일 만에 숨을 거두고 말았지요. 어머니는 멘델레예프에게 "말로만 주장하지 말고 실행에 옮기렴. 꾸준히 노력해서 과학적인 사실을 찾아야 한다."는 말을 남겼어요. 이런 어머니의 영향 덕분인지 멘델레예프는 꾸준히 노력해서 서른다섯 살 때 63개의 원소들로 첫 번째 주기율표를 만들었답니다.

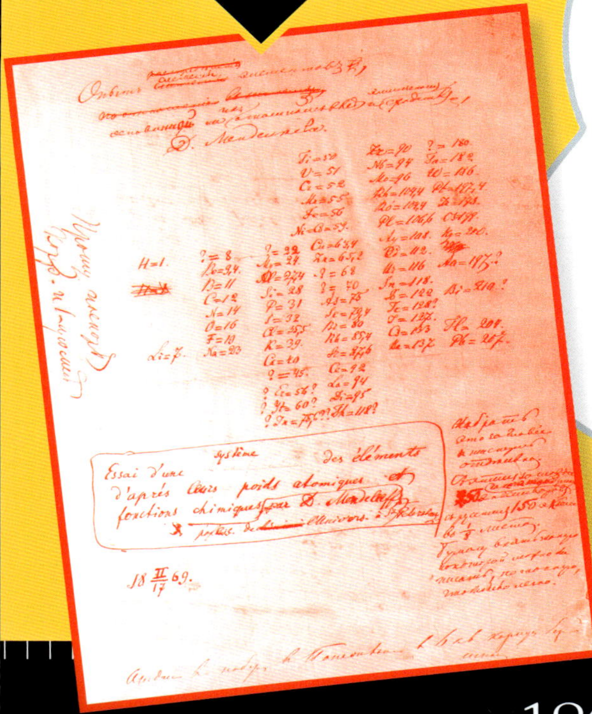

멘델레예프의 첫 번째 주기율표 원고

1864년   1869년

내가 만든 주기율표가 아니라고?

주기율표를 완성하라!

화학자들은 저마다 주기율표를 완성하려고 경쟁하기 시작했어요. 율리우스 마이어는 원자량으로 표를 만들어 원소들의 물리적 성질이 주기적으로 되풀이된다는 것을 보였지요. 꽤 잘 만들었지만 주기율표를 완성한 사람은 따로 있었어요. 바로 드미트리 멘델레예프이지요.

어머니, 제가 해냈어요!

 원소의 발견

빛을 내는 원소

보이지 않는 광선
독일의 과학자 빌헬름 뢴트겐은 유리관을 종이로 덮고 방전 실험을 하다가 암실에 있던 형광판에서 빛이 나는 것을 발견했어요. 뢴트겐은 이 광선이 사람의 몸은 통과하지만 뼈를 통과하지는 못한다는 사실을 알아냈어요. 그가 발견한 것은 바로 엑스선이랍니다.

뢴트겐이 맨 처음 찍은 엑스선 사진들 가운데는 반지를 낀 아내의 손가락 사진도 있었어요.

 1895년 1896년

우연한 발견
프랑스의 과학자 앙리 베크렐은 방사성 광물을 연구하던 중, 우라늄 조각을 얇은 종이에 싸서 사진 필름 위에 깜빡 놓아두고는 밖으로 나갔어요. 한참 후 집에 돌아와 보니, 필름에 우라늄 조각 모양이 찍혀 있는 것이 아니겠어요? 베크렐은 우라늄에서 보이지 않는 광선이 나왔다는 것을 알고는 이것을 '베크렐선'이라고 이름 붙였어요.

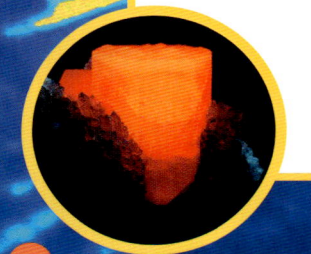  

스스로 빛을 내는 광물들

방사선을 내는 원소는 아주 우연히 발견되었어요.
이제 더 많은 방사성 원소들이 발견되는 건 시간문제였지요.
하지만 방사성 원소가 위험하다는 사실은 미처 알지 못했어요.

빛을 내는 원소

화학자 부부!

부부인 피에르 퀴리와 마리 퀴리는 '피치블렌드'라고 하는 역청 우라늄 광석에서 새로운 방사성 원소를 찾기로 마음먹었어요. 하지만 30가지가 넘는 원소로 만들어진 역청 우라늄 광석 속에서 방사성 원소를 찾기란 무척 어려운 일이었어요. 무려 4년 동안 춥고 누추한 헛간에서 고생한 끝에 퀴리 부부는 두 개의 새로운 원소를 발견했어요. 이 두 개의 원소 가운데 하나를 퀴리 부인이 태어난 나라인 폴란드를 따서 '폴로늄'이라고 이름 짓고, 다른 하나는 방사성이 너무 강하다는 뜻으로 '라듐'이라고 이름 붙였지요.

역청 우라늄 광석

퀴리 부부는 1903년에 노벨상을 받았어요.

1898년

위험한 방사선

안타깝게도 1906년에 피에르 퀴리는 마차에 치여 죽고 말았어요. 마리 퀴리는 방사선에 대한 연구를 계속했는데, 방사성 물질이 위험하다는 것을 미처 알지 못했지요. 마리 퀴리는 방사성 광물들이 좋아서 호주머니에 계속 넣고 다녔어요. 결국 방사선을 너무 많이 쬔 마리 퀴리는 시름시름 앓다가 죽고 말았고, 파리에 있는 남편 피에르 퀴리의 무덤 옆에 묻혔답니다.

 원소의 발견

원자 속으로

1900년대가 되자 과학자들은 원자 속에 무엇이 있는지 궁금해하기 시작했어요. 가장 작은 단위라고 생각했던 원자 속을 들여다보자 지금까지 몰랐던 또 다른 세계가 펼쳐지기 시작했답니다.

- 원자는 '양성자'라고 하는 양전하를 띠는 입자를 가지고 있어요.
- 원자는 '전자'라고 하는 음전하를 띠는 입자를 가지고 있어요.
- 원자 속에 있는 양성자와 전자는 정확히 그 수가 같아요.

자, 그렇다면 **원자**는 어떻게 생겼을까요?

전자가 원자핵 주위를 쉴 새 없이 돌아다녀요.

1904년

원자 속에는 무엇이?
조지프 존 톰슨은 맨 처음 원자 속을 들여다본 사람이에요. 톰슨은 양전하는 구름처럼 퍼져 있고 아래 그림처럼 전자가 여기저기 자리 잡고 있다고 생각했어요.

1911년

윙윙 도는 전자들
영국의 과학자 어니스트 러더퍼드는 원자는 원자핵과 그 주위를 맴도는 전자로 이루어져 있다고 생각했어요. 원자의 구조를 제대로 설명한 그를 '핵물리학의 아버지'라고 부르지요.

원자 속으로

원자 안쪽은 이렇게 생겼어요.

양성자와 중성자는 한가운데에 모여 있어요.

당시 과학자들은 원자 속에 양성자가 몇 개 있는지도 셀 수 있게 되었어요. 이 숫자로 원소의 원자 번호를 매겼지요.

채드윅의 실험 상자

중성자

중성자는 제임스 채드윅이 발견했어요. 중성자는 원자핵을 이루는 물질의 하나로 양전하나 음전하를 띠지 않아요. 중성자를 이용하여 원자폭탄을 발명하게 되자 채드윅은 이렇게 말했어요. "나의 발견으로 원자폭탄이 만들어지게 될 거라는 사실을 깨닫고부터 수면제를 먹기 시작했습니다. 내가 할 수 있는 건 단지 그것뿐이었습니다."

1913년 1932년 1940년

작은 행성들

덴마크 물리학자 닐스 보어는 우주에서 태양 주위를 도는 행성들과 마찬가지로 전자들도 원자핵 주위를 돈다고 생각했어요. 그는 원자의 바깥 궤도를 도는 전자를 공유하거나 전자를 내어 주면 결합이 이루어져서 분자가 된다고 했어요.

나트륨 원자의 바깥 궤도

계속되는 발견

미국의 핵화학자 글렌 시보그는 원자로에서 새로운 원소들을 9개나 발견했어요. 그는 로렌스 버클리 실험실의 주소를 이용하여 원소들에 시보르기움, 로렌슘, 버클륨, 칼리포르늄, 아메리슘 등의 이름을 붙였어요.

원소의 발견

주기율표

주기율표는 수많은 과학자들이 평생 동안 노력한 끝에 얻은 결과물이에요. 만약 원소들이 말을 할 수만 있다면 들려줄 이야기가 아주 많을 거예요. 단 두 쪽에 나와 있을 뿐인 주기율표는 화학의 역사뿐만 아니라 우주가 무엇으로 이루어져 있는지 모두 보여 준답니다.

가로줄을 '주기'라고 해요.

1족: H 수소 1, Li 리튬 3, Na 나트륨 11, K 칼륨 19, Rb 루비듐 37, Cs 세슘 55, Fr 프랑슘 87

2족: Be 베릴륨 4, Mg 마그네슘 12, Ca 칼슘 20, Sr 스트론튬 38, Ba 바륨 56, Ra 라듐 88

3족: Sc 스칸듐 21, Y 이트륨 39, 란탄족 57–71, 악티늄족 89–103

4족: Ti 티탄 22, Zr 지르코늄 40, Hf 하프늄 72, Rf 러더포듐 104

5족: V 바나듐 23, Nb 니오븀 41, Ta 탄탈 73, Db 더브늄 105

6족: Cr 크롬 24, Mo 몰리브덴 42, W 텅스텐 74, Sg 시보르기움 106

7족: Mn 망간 25, Tc 테크네튬 43, Re 레늄 75, Bh 보륨 107

8족: FE 철 26, Ru 루테늄 44, Os 오스뮴 76, Hs 하슘 108

9족: Co 코발트 27, Rh 로듐 45, Ir 이리듐 77, Mt 마이트너륨 109

온도계:
- 5660℃ 텅스텐의 끓는점
- 1063℃ 금의 녹는점
- -39℃ 수은의 녹는점
- -269℃ 헬륨의 끓는점

세로줄은 '족'이라고 해요. 어떤 족은 겉모양과 화학적 성질 등이 매우 비슷하지만 어떤 족은 공통점이 거의 없어요.

온도
각 원소들은 고체에서 액체가 될 때의 온도(녹는점)와 액체에서 기체가 될 때의 온도(끓는점)가 정해져 있어요.

La 란탄 57, Ce 세륨 58, Pr 프라세오디뮴 59, Nd 네오디뮴 60, Pm 프로메튬 61, Sm 사마륨 62

Ac 악티늄 89, Th 토륨 90, Pa 프로트악티늄 91, U 우라늄 92, Np 넵투늄 93, Pu 플루토늄 94

무거운 원소들이 점점 더 많이 발견되자, 시보그는 란탄족과 악티늄족을 주기율표 아래쪽에 따로 적어 두기로 했어요.

주기율표

- 🟣 **알칼리금속**: 은색의 금속으로 반응성이 아주 높아요.
- 🟠 **알칼리토금속**: 은색의 금속으로 반응성이 높아요.
- 🟡 **전이원소**: 대부분 단단하고 녹는점과 끓는점이 높아요.
- 🟦 **란탄족**: 연하고 광택이 있는 은백색 금속.
- 🟦 **악티늄족**: 방사성을 띠는 무거운 원소.
- 🟢 **반금속**: 금속과 비금속의 중간 성질을 가진 원소.
- 🔵 **비금속**: 대부분 상온에서 기체 상태이고 쉽게 고체로 만들 수 있어요.
- 🔴 **할로겐족**: 독성이 강한 비금속 원소로 다른 원소와 잘 반응해요.
- 🩷 **비활성 기체**: 비금속 원소로 원소 가운데 가장 반응성이 약해요.

Kr — 원소 기호
크립톤 — 원소 이름
36 — 원자 번호

원자 번호는 원자 하나에 들어 있는 양성자의 개수를 말해요. 원자 번호가 클수록 원소가 더 무거워요.

 치약에 들어 있는 불소는 우리 이 속에 있는 에나멜을 튼튼하게 해 줘요.

10족	11족	12족	13족	14족	15족	16족	17족	18족
								He 헬륨 2
			B 붕소 5	C 탄소 6	N 질소 7	O 산소 8	F 불소 9	Ne 네온 10
			Al 알루미늄 13	Si 규소 14	P 인 15	S 황 16	Cl 염소 17	Ar 아르곤 18
Ni 니켈 28	Cu 구리 29	Zn 아연 30	Ga 갈륨 31	Ge 게르마늄 32	As 비소 33	Se 셀렌 34	Br 브롬 35	Kr 크립톤 36
Pd 팔라듐 46	Ag 은 47	Cd 카드뮴 48	In 인듐 49	Sn 주석 50	Sb 안티몬 51	Te 텔루르 52	I 요오드 53	Xe 크세논 54
Pt 백금 78	Au 금 79	Hg 수은 80	Tl 탈륨 81	Pb 납 82	Bi 비스무트 83	Po 폴로늄 84	At 아스타틴 85	Rn 라돈 86
Ds 다름슈타튬 110	Rg 뢴트게늄 111							

 금과 은은 장신구를 만드는 데 많이 쓰여요.

과학자들은 원소가 주기율표의 어디쯤에 있는지만 봐도 어떤 성질을 갖고 있는지 짐작할 수 있어요.

알베르트 아인슈타인
(1879년~1955년)

Eu 유로퓸 63	Gd 가돌리늄 64	Tb 테르븀 65	Dy 디스프로슘 66	Ho 홀뮴 67	Er 에르븀 68	Tm 툴륨 69	Yb 이테르븀 70	Lu 루테튬 71
Am 아메리슘 95	Cm 퀴륨 96	Bk 버클륨 97	Cf 칼리포늄 98	Es 아인시타이늄 99	Fm 페르뮴 100	Md 멘델레븀 101	No 노벨륨 102	Lr 로렌슘 103

내 이름을 따서 지은 원소도 있답니다.

우주에서 온 원소들

"여러분은 별이에요!
아니, 정확하게 말하면
별의 잔해라고 할 수 있지요.

모든 원소는 우주에서 왔어요.
그리고 우리 몸은
원소로 이루어져 있어요.
그러니까 우리는 적어도 한때
별이었던 셈이지요.

우리뿐만 아니라 강아지와 고양이,
꽃과 나무, 공기와 물 등
모든 것이 우주에서 왔답니다."

나는 우주 개야.

우주에서 온 원소들

원소의 탄생

1 수소 원자들이 뭉쳐서 커다란 덩어리가 되면 별이 만들어져요. 천만 도나 되는 별의 중심에서는 수소들 사이에 핵융합이 일어나 헬륨과 엄청난 열이 생겨요. 별은 수소를 다 쓰고 나면 차츰 식어요. 중심부는 수축하여 온도가 점점 올라가다가 1억 도에 이르면 헬륨이 핵융합 반응을 일으켜 탄소, 산소 그리고 네온 원자를 만들어요. 별은 점점 뜨거워지면서 이 과정을 반복하고, 원소들은 계속해서 새로운 원소들을 만들어 내지요.

2 별 중심부의 온도가 30억 도가 되면 마지막으로 철이 만들어져요. 비스무트(창연)만큼 무거운 원소들은 별의 바깥쪽에서 만들어지지요. 반응할 원소가 더는 남지 않게 되면 별의 중심부는 급격히 수축하여 초신성이 되었다가 폭발해요. 이때 생긴 엄청난 에너지로 우라늄까지의 무거운 원소들이 모두 만들어져요.

초신성

어떤 원소들이 많이 있을까요?

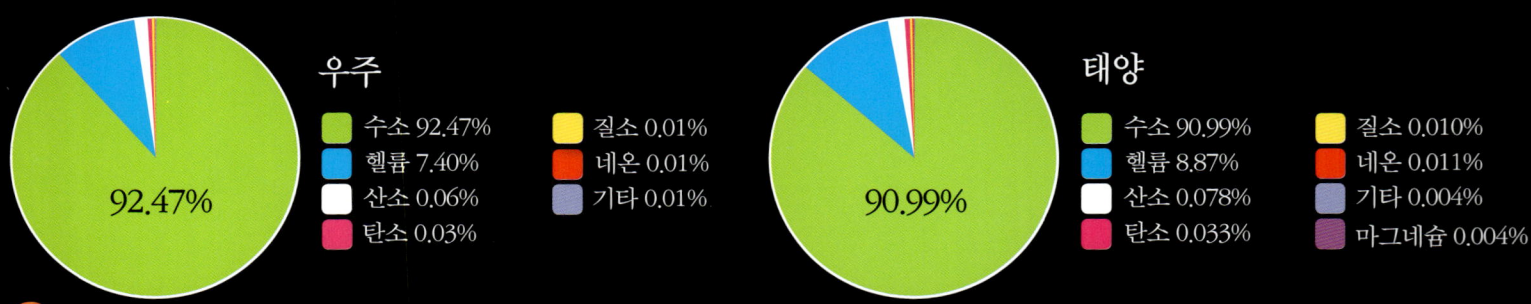

우주 92.47%
- 수소 92.47%
- 헬륨 7.40%
- 산소 0.06%
- 탄소 0.03%
- 질소 0.01%
- 네온 0.01%
- 기타 0.01%

태양 90.99%
- 수소 90.99%
- 헬륨 8.87%
- 산소 0.078%
- 탄소 0.033%
- 질소 0.010%
- 네온 0.011%
- 기타 0.004%
- 마그네슘 0.004%

모든 것은 약 137억 년 전 '빅뱅'이라고 불리는 우주 대폭발로부터 시작되었어요.
맨 처음 우주에 생겨난 원소는 수소, 헬륨, 중수소 그리고 리튬이에요.
그 외 모든 자연적인 원소들은 별의 내부에서 만들어졌지요.

원소의 탄생

3 별의 잔해
별이 폭발하면 별이 갖고 있던 원소들은 먼지나 운석이 되어 우주를 떠돌아다녀요. 그러다가 수소 원자들이 다시 뭉치면 새로운 별이 만들어져요.

4 태양계의 탄생
약 50억 년 전, 초신성 폭발로 만들어진 별의 잔해 가운데에서 태양이 생겨났어요. 그리고 떠돌아다니던 먼지 구름이 뭉쳐져서 태양계의 행성들이 만들어졌지요.

5 네 가지 중요한 원소들
수소, 탄소, 질소, 산소는 지구에 사는 어떤 생물체라도 몸무게의 95% 이상을 차지해요. 이 원소들은 우주에서도 많기로 열 손가락 안에 들어요. 네 원소들이 우주에 이렇게 많이 존재한다면 지구가 아닌 다른 곳에도 생명체가 살지 않을까요?

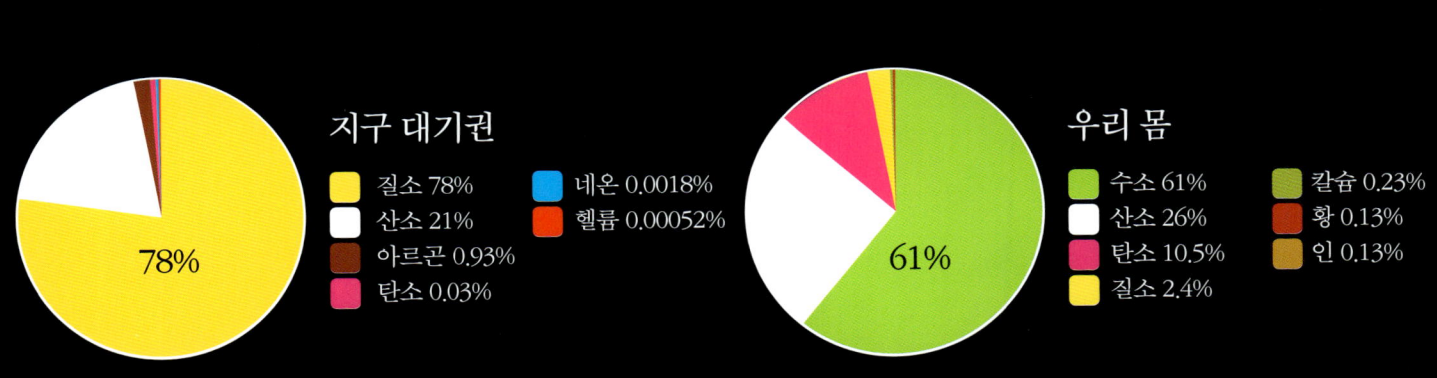

지구 대기권
- 질소 78%
- 산소 21%
- 아르곤 0.93%
- 탄소 0.03%
- 네온 0.0018%
- 헬륨 0.00052%

우리 몸
- 수소 61%
- 산소 26%
- 탄소 10.5%
- 질소 2.4%
- 칼슘 0.23%
- 황 0.13%
- 인 0.13%

| H | 수소 | 원자 번호 1 | 1족 | 비금속 |

언제나 일등 수소

수소는 주기율표 그리고 우주에서 가장 맨 처음에 있는 원소예요. 먼저 생긴 원소이지요.

별을 만드는 것도 수소예요.

수소는 원소들 가운데 무게가 가장 가벼워요. 공기보다도 훨씬 더 가볍지요. 만약 다른 원소들과 결합되어 있지 않다면 수소는 지구 밖으로 멀리 날아가 버릴 거예요.

물을 이루는 수소

수소는 '물을 만든다'라는 뜻의 그리스 어에서 유래되었어요. 수소는 산소와 결합하여 물을 이루거든요.

전 우주에 있는 원소들 가운데

원자량 1 | 녹는점 −259℃ | 끓는점 −253℃

수소는 투명하고 냄새가 나지 않아요.
그리고 불이 아주 잘 붙어요.
수소는 메탄으로부터 얻어요.
메탄은 우리가 집에서 사용하는
도시가스의 주요 성분이기도 하지요.

액체 수소는 액체 산소와 함께
로켓의 연료로 사용해요.

오늘날 과학자들은 수소로 움직이는 자동차를
만들고 있어요. 석유나 석탄을 태우면 공기
를 오염시키는 이산화탄소가 나오지만, 수
소를 태우면 물밖에 나오지 않는답니다.

88퍼센트가 바로 수소예요.

 헬륨 | 원자 번호 2 | 18족 | 비활성 기체

둥실둥실 헬륨

헬륨은 수소 다음으로
가볍고 우주에 많은 원소예요.
헬륨을 맨 처음 발견한 건
하늘에 떠 있는 태양에서였답니다.

태양의 원소

1868년 개기일식을 관측하던 천문학자 피에르 잔센은 태양에서 노란색 스펙트럼선이 나오는 것을 발견하고 천문학자 노먼 로키어에게 물어보았어요. 로키어는 이것이 새로운 원소라는 것을 알고는 '헬륨'이라고 이름 붙였지요.

헬륨의 이름은 태양을 뜻하는

| 원자량 4 | 녹는점 −272℃ | 끓는점 −269℃ |

헬륨 가스는 공기보다 가벼워서 풍선에 넣으면 위로 잘 떠올라요.

로켓 연료 안정화
액체 헬륨은 색깔이 없고 아주 차가워요. 그래서 로켓 연료가 타기 전까지 다른 원소와 반응하지 않도록 차갑게 식혀 둘 때 쓰여요.

천연가스 가운데 약 7%가 헬륨이에요.

냉각제
액체 헬륨은 단층 촬영 장치나 슈퍼컴퓨터 같은 커다란 기계의 열을 식히는 데도 쓰여요.

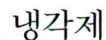

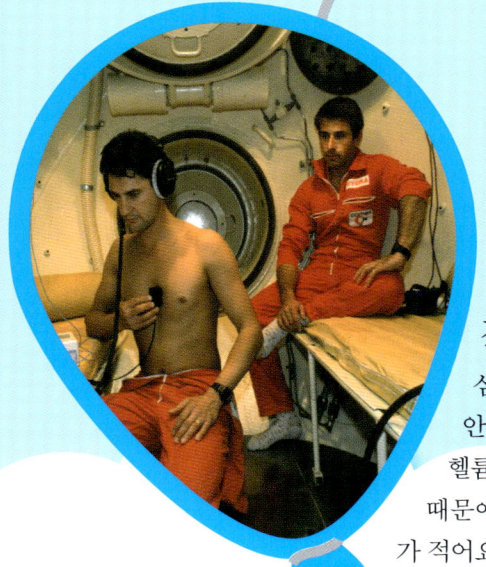

깊은 바닷속에서
심해로 내려가는 잠수정 안은 헬륨과 산소로 채워요. 헬륨은 피 속에 잘 녹지 않기 때문에 잠수병을 일으킬 염려가 적어요.

헬륨 가스는 냄새가 나지 않아요.

높은 곳으로
헬륨은 아주 가볍기 때문에 기상 관측 기구나 비행선, 풍선 등을 띄우는 데 쓰여요. 공기 속에서 뽑아낸 헬륨의 10% 정도가 물건을 띄우는 데 쓰이지요.

그리스 어 '헬리오스(Helios)'에서 유래했어요.

| 산소 | 원자 번호 8 | 16족 | 비금속 |

생명의 원소
산소

산소는 눈에 보이지 않고, 냄새도 없기 때문에 우리 곁에 있다는 것을 종종 잊어요. 하지만 만약 산소가 없어진다면 금방 알아차릴 수 있어요. 지구에 살아남는 생물이 거의 없을 테니까요.

지구 표면으로부터 약 24킬로미터 위에서 산소 원자 세 개가 결합하여 오존을 만들어요.

24킬로미터

오존층은 태양으로부터 나오는 해로운 자외선을 막아서 지구에 사는 생물들을 보호해 줘요.

약 35억 년 전, 시아노박테리아가 지구에 나타났어요. 이 미생물들은 오늘날 볼 수 있는 식물처럼 태양 에너지를 이용해서 양분과 산소를 만들었어요. 약 10억 년 전부터 산소는 공기 중에 점점 더 많아졌고, 산소로 숨쉬는 동물들도 나타나게 되었어요.

산소는 우주에서 세 번째로 많이 있는 원소예요.

해수면에서 산소는 공기의 21퍼센트를 차지해요.

| 원자량 16 | 녹는점 −218°C | 끓는점 −183°C |

비행기 조종사는 연료가 타는 데
충분한 산소가 공급되고 있는지 늘 확인해요.
기내에는 만일을 대비해서
비상용 산소가 실려 있지요.

생명이 없는 기계들조차도
움직이기 위해서는 산소가 필요해요.
어떤 물질이 산소와 결합해서
타는 것을 '연소'라고 하지요.
자동차는 엔진에서 석유가 연소할 때
나오는 열로 움직여요.
제트기가 날기 위해서는 1초당 네 개의
스쿼시 코트에 해당되는 양의
공기가 필요하답니다.

공기 속에서
산소가 차지하는 비율이
25%를 넘는다면
우리는 살 수 없어요.

공기 속에서
산소가 차지하는 비율이
17%가 되지 않아도
우리는 살 수 없어요.

산소는
우리 몸무게 가운데
절반 이상을
차지하고 있어요.

높은 산이나 물속에서는 산소의 양이 적어요.
그래서 등반가들은 줄어드는 산소에
천천히 적응하면서 산을 올라요.
다이버나 우주 비행사는 등에 멘
산소통으로 숨을 쉬지요.

질소

| 원자 번호 7 | 15족 | 비금속 |

돌고 도는 질소

질소는 생물의 몸에 들어 있는 단백질을 만드는 데 꼭 필요한 원소예요. 공기의 78%는 질소로 이루어져 있지만 기체 상태의 질소는 우리가 쓸 수 없어요. 우리가 질소를 얻으려면 다른 생물들의 도움을 받아야만 한답니다.

- 🟦 질산/ 암모니아
- 🟥 질소 가스

1. 대기
생물들은 대기 속에 있는 질소가 수소와 결합하여 만들어진 암모니아나 산소와 결합된 질산을 이용해요.

2. 흙 속으로
질소 가스를 흙 속에 놓아 두는 것은 바로 질소 고정균이에요. 뿌리혹박테리아를 비롯한 질소 고정균은 콩과 식물의 뿌리에 붙어살면서 공기 중에 있는 질소를 붙잡아 식물에게 건네주어요.

3. 식물로
식물은 뿌리를 통해 흙 속에 있는 질산과 암모니아를 흡수해요. 식물은 질소를 이용해 단백질을 만들어요.

4. 먹이사슬
동물들은 식물을 먹어서 단백질의 형태로 질소를 얻어요.

5. 미생물들의 활약
동물들의 똥에는 질소가 들어 있어요. 동물이나 식물들이 죽으면 미생물들이 단백질을 분해해서 지독한 냄새가 나는 암모니아를 만들지요.

| 원자량 14 | 녹는점 -210℃ | 끓는점 -196℃ |

질소는 그리스 어로 '초석을 만든다'라는 뜻이에요. 초석은 질산칼륨인데, 바로 화약을 만드는 원료이기도 하지요.

폭발 위험!

질소화합물 속에 들어 있는 질소 원자는 틈만 나면 다른 물질과 반응해서 질소 가스가 되려고 해요. 질소 기체는 열 때문에 팽창하면서 펑 하고 폭발하기도 하지요.

조심조심, 폭발할 수도 있어!

1866년에 스웨덴의 화학자 알프레드 노벨은 질소화합물인 니트로글리세린 액체를 규조토에 섞어서 다이너마이트를 발명했어요. 자신이 발명한 폭약이 전쟁에 쓰이는 것을 보고 괴로워하던 그는 해마다 물리학, 화학, 문학 등에서 위대한 업적을 이룬 사람들을 뽑아 상금을 주었어요. 이 상이 바로 노벨상이지요.

제가 바로 노벨입니다.

비료

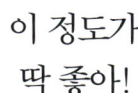

농부들은 농작물이 잘 자랄 수 있도록 땅에 비료를 주어요. 비료에는 질산암모늄(수소, 산소와 결합된 질소)이 들어 있는데, 너무 많이 뿌렸다간 도리어 농작물이 시들어 버릴 수도 있어요.

이 정도가 딱 좋아!

질소의 또 다른 쓰임새

냉각제

질소는 아주 낮은 온도에서 액체가 돼요. 액체 질소는 온도가 아주 낮아서 다른 물질을 고체로 만들고 화학 반응이 일어나는 것을 막아 주어요. 값도 싸기 때문에 액체 질소는 피를 얼리거나 유전 물질들을 보관하는 데 많이 쓰여요.

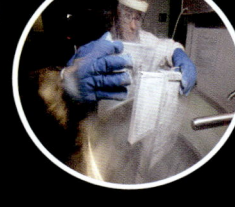

보존제

질소 기체는 원자들이 서로 강하게 묶여 있어서 다른 원소들과 잘 반응하지 않아요. 사과를 공기 중에 두면 금방 상하지만, 질소 가스로 가득 찬 통에 보관하면 2년 동안이나 신선하게 유지할 수 있지요. 그래서 과자 봉지에도 질소 가스를 넣어서 빵빵하게 만들어요.

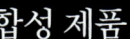

합성 제품

우리가 입고 있는 옷 가운데 화학 물질로 만들어진 것이 많아요. 폴리우레탄, 나일론을 만들 때나 옷을 예쁜 색으로 물들일 때에도 질소가 필요하답니다.

C 탄소

원자 번호 6 | 14족 | 비금속

변신의 천재 탄소

탄소는 시커먼 석탄 덩어리부터 빛나는 다이아몬드까지 수천만 가지의 화합물을 만들어요. 다른 원소들이 만든 화합물을 전부 합한 것보다 훨씬 더 많답니다.

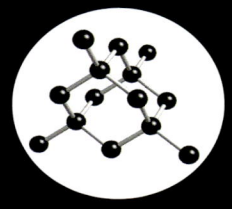 탄소 원자가 입체적인 구조로 결합되면 아주 단단한 다이아몬드가 돼요.

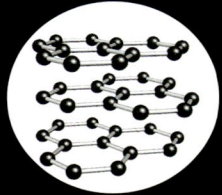 탄소 원자가 수평적으로 결합되면 잘 부스러지는 흑연이 되지요.

단단한 것에서 약한 것까지

다이아몬드	코크스	활성탄	카본 블랙	흑연

    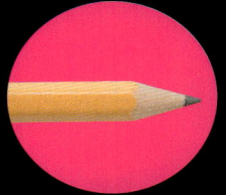

차갑고 흠이 잘 나지 않는 다이아몬드는 지구에서 자연적으로 존재하는 가장 단단한 물질이에요. 광산에서 캐낸 다이아몬드 가운데 20% 정도만 보석이 되지요.

구멍이 많이 난 코크스는 단단한 탄소 덩어리예요. 석유나 석탄 등을 가열해서 만든 코크스는 열을 많이 내면서도 연기가 나지 않아서 철이나 강철을 만들 때 연료로 쓰여요.

나무를 태워서 만든 활성탄은 습기나 냄새를 잘 빨아들여요. 색소도 함께 빨아들이기 때문에 설탕에 활성탄을 넣으면 하얗게 돼요.

카본 블랙은 천연가스나 기름 등을 태워서 얻는 검정 가루예요. 카본 블랙은 잉크를 만들 때 쓰이기도 하고, 고무에 섞어서 튼튼한 자동차 타이어를 만들 때도 쓰인답니다.

얇고 미끄러운 흑연은 지구상에서 자연적으로 존재하는 가장 부드러운 물질이에요. 흑연은 연필심으로 쓰이고, 기계가 맞닿는 부분에 발라 매끄럽게 만드는 윤활제로도 사용돼요.

오늘날 우리가 쓰는 탄소의 양이 너무 빨리 늘어나고 있어요.

| 원자량 12 | 녹는점(다이아몬드) 3550°C | 끓는점 4827°C |

탄소는 모든 생물들에게 꼭 필요한 원소예요. 탄소는 공기, 바다, 바위, 그리고 동식물들 사이를 끊임없이 순환하고 있지요.

천연가스, 석유 그리고 석탄을 '화석 연료'라고 해요. 화석 연료는 수백 년에서 수억 년 전에 살았던 동식물들이 땅이나 바다 깊은 곳에 묻혀서 만들어져요.

땅속에 묻힌 식물이 오랫동안 세게 눌리면 석탄이 돼요.

석탄이 만들어지려면 약 2억 5천만 년이 걸려요.

탄소 순환

우리가 먹는 음식들은 대부분 탄소화합물이에요. 식물이 이산화탄소를 이용해서 양분을 만들면 동물들이 그 식물을 먹고, 우리는 그 식물과 동물을 먹어 에너지를 얻지요. 몸속에서 만들어진 이산화탄소는 우리가 숨을 내쉴 때 밖으로 내보내져요.

탄소로 나이를 알아내요.

탄소 가운데는 중성자가 두 개 더 많은 방사성 탄소가 일정한 비율로 섞여 있어요. 생물이 죽고 나면 방사성 탄소가 질소로 바뀌기 때문에 남아 있는 방사성 탄소의 양을 알아보면 언제 만들어진 것인지 알 수 있어요.

세포를 만드는 탄소

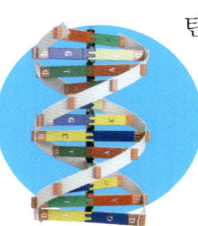

탄소는 DNA와 같은, 살아 있는 세포를 구성하는 원소예요. 우리 몸에는 탄소가 16킬로그램 정도 들어 있지요.

이산화탄소(탄소와 산소)

이산화탄소는 나무나 석탄, 석유 등이 탈 때 나와요. 우리가 에너지를 쓸 때 만들어지는 이산화탄소의 양을 '탄소 발자국'이라고 하지요.

개를 만들려면 어떤 원소들이 필요할까?

살아 있는 개를 만든다고 상상해 봐요. 필요한 원소의 종류는 자연적으로 발견되는 원소의 4분의 1 정도예요. 우리 몸을 이루고 있는 원소들과 똑같죠!

각각의 원소들이

인 1%

인은 이빨과 뼈를 튼튼하게 해 주어요.

탄소 18.5%

탄소화합물은 개의 몸을 이룰 뿐만 아니라 개가 생활하는 데 필요한 에너지를 만들어요.

마그네슘

마그네슘은 아주 조금 필요하지만, 부족하면 뼈가 약해져요.

황

개의 털, 발톱, 피부에 황이 들어 있어요.

철 조금

적혈구 속에 들어 있는 철은 개의 다리며 꼬리 구석구석까지 산소를 날라 주어요.

칼슘 1.5%

칼슘은 개의 이빨과 뼈를 이루어요.

코끼리를 만들고 싶다고요?

무슨 일을 하는지 살펴봐요!

개를 만들려면 어떤 원소들이 필요할까?

칼륨
칼륨은 몸이 자극에 반응하고 근육을 움직이는 데에 필요해요.

산소 65%

우리 몸에서 산소는 대부분 물의 형태로 들어 있어요. 뿐만 아니라 산소는 영양분을 태워서 에너지를 얻을 때 꼭 필요하지요.

요오드 조금
요오드는 개의 생명과 성장을 조절하는 호르몬을 만들 때 쓰여요.

망간 조금

물(H_2O)
개의 60~80%를 이루는 물은 몸에서 여러 가지 일을 해요.

수소 9.5%
수소는 개의 DNA 사슬을 잇는 데 쓰여요.

나트륨
소금을 먹으면 나트륨과 염소를 얻을 수 있어요. 약간의 소금은 심장을 튼튼하게 해 줘요.

질소 3.3%
질소는 개의 DNA와 세포를 만드는 데 꼭 필요한 원소예요.

염소 아주 조금

불소 아주 조금

음식을 골고루 먹어야 필요한 원소들을 다 섭취할 수 있어요!

이 원소들을 조금 더 많이 준비하면 문제없어요!

우주에서 온 원소들

물속에 녹아 있는

물 분자 한 개는 수소 원자 두 개와
산소 원자 한 개가 모여서 만들어져요.
하지만 우리가 마시는 물에는
산소와 수소만 들어 있는 것이 아니랍니다.

맛있는 물

빗물은 순수하게 산소와 수소로 이루어져
있어요. 하지만 일단 땅에 떨어지면
바위나 흙 속에 있던 다른 원소들이
물에 섞여요. 그래서 어떤 곳을
흐르느냐에 따라 물맛이 달라지지요.

탄산음료를 열 때 나오는
거품의 정체가 바로
이산화탄소랍니다.

빗물이 땅에 떨어지면 여러 가지 원소들이 물에 녹아요.

- 칼슘
- 마그네슘
- 탄소
- 규소
- 황

물에 녹은 원소들

우리가 쓰는 물은 강이나 지하수에서 얻은 거예요.
물이 흘러오는 동안 그 지역에 있는 바위나 땅속의
물질들이 물속에 조금씩 녹아들지요.

지구에 있는 물 가운데 97.2퍼센트는 마실 수 없어요.

원소들

생수 속에는 어떤 원소가?

생수를 사서 마실 때 라벨을 확인해 보세요. 눈에 보이지는 않지만 참 여러 가지 원소들이 물속에 들어 있지요?

생수 구성 성분
(밀리그램/리터)

- 칼슘 78
- 마그네슘 24
- 나트륨 5
- 칼륨 1
- 중탄산염 357
- 황산염 10
- 염소 4.5
- 질산염 3.8
- 이산화규소 13.5

※성분은 조금씩 다를 수 있습니다.

수돗물

땅속이나 저수지에 모인 물은 정수장으로 흘러요. 정수장에서는 여러 과정을 거쳐 물속에 있는 더러운 먼지와 세균을 없애지요. 하지만 많은 원소들이 물속에 그대로 남아 있답니다.

칼슘과 마그네슘
칼슘과 마그네슘이 많이 녹아 있는 물은 비누가 잘 풀리지 않고 마시기에도 적당하지 않아요. 이런 물을 '센물'이라고 하지요.

나트륨
칼슘과 마그네슘이 적은 물을 '단물'이라고 해요. 단물에는 나트륨이 들어 있어요.

불소
불소는 이가 상하는 것을 예방해 줘요. 하지만 너무 많이 먹으면 도리어 건강에 해로워요.

알루미늄
물을 깨끗하게 거르는 과정에서 해로운 물질을 붙잡아 주는 역할을 해요.

철
적갈색이 도는 물에는 철이 많이 들어 있어요.

황
물속에 황을 먹는 박테리아가 있으면 물에서 냄새가 나요.

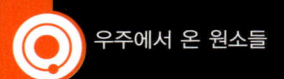
우주에서 온 원소들

탄소에다 아연과 철을 조금씩

요오드는 김과 해산물, 유제품, 소금 등에 들어 있어요.

고등어

우리가 먹는 음식에는 단백질, 탄수화물, 지방, 섬유질 등이 들어 있어요. 이 영양소들은 다시 탄소, 수소, 산소, 질소들로 이루어져 있지요. 이 밖에도 음식에는 여러 가지 원소들이 들어 있답니다.

우리가 먹는 음식에는 여러 가지 원소들이 들어 있어요.

아주 조금만!

요오드 짙은 보라색 결정

하루 10밀리그램

아연 짙은 회색의 금속

마그네슘 은색의 금속

하루 400밀리그램

인은 매일 먹어야 해요. 현미밥이나 빵 등에 많이 들어 있지요.

통밀빵

아연은 해바라기 씨, 통밀빵, 해산물, 쇠고기 등에 많이 들어 있어요.

해바라기 씨

브로콜리

마그네슘은 우유로 만든 유제품, 씨앗, 말린 과일과 채소 등에 많이 들어 있어요.

말린 살구

넣고 쓱쓱 비벼서 맛있게 먹어요!

오물오물!

건강을 위해 어떤 원소를 얼마만큼 섭취해야 하는지 한번 알아볼까요? (어른 기준)

하루 18밀리그램
철 은색의 금속

하루 1그램
칼슘 부드러운 흰색 덩어리

하루 4그램
칼륨 은색의 금속

셀레늄 은색의 금속
하루 65밀리그램

철은 매일매일 먹어야 해요. 철은 쇠고기나 돼지고기, 시금치, 계란 노른자 등에 많이 들어 있어요.

← 쇠고기

소금을 너무 많이 먹으면 몸에 해로워요.
← 소금

칼슘은 어른 몸무게 가운데 약 1킬로그램 정도를 차지하고 있어요. 칼슘은 유제품, 땅콩을 비롯한 견과류, 멸치 등에 많이 들어 있지요.

↑ 치즈

← 바나나
칼륨은 바나나, 건포도, 아몬드 등에 많이 들어 있어요.

불소는 치약과 수돗물에 들어 있어요.
← 치약

셀레늄은 브라질너트에 많이 들어 있어요.

→ 브라질너트

아주 약간이지만 구리, 망간, 크롬, 코발트도 우리 몸에 꼭 필요한 원소들이에요.

47

Na 나트륨

원자 번호 11 | 1족 | 알칼리금속

짭짤한 나트륨

은색을 띤 나트륨은 반응성이 아주 좋은 금속이에요. 나트륨 덩어리는 무르기 때문에 칼로도 쉽게 자를 수 있어요. 우리가 자주 먹는 소금 속에 나트륨이 들어 있답니다.

로마 시대에는 군인들이 돈 대신 소금을 받았어요.

옛날에는 소금을 얻기가 힘들었기 때문에 소금이 아주 귀했어요. 소금으로 간한 음식은 오래 보관해 둘 수 있었기 때문에 상인과 소금을 구하기 위해 머나먼 여행을 떠나기도 했지요. 영어로 급료라는 뜻의 '샐러리(Salary)'는 라틴 어로 소금을 뜻하는 '살라리움(Salarium)'이라는 말에서 나왔답니다.

과자를 만들 때 오랫동안 상하지 않도록 소금을 넣지요.

나트륨을 온몸 구석구석으로 보내기 위해 우리가 음식에서 얻는 에너지 가운데 40%를 써요.

감자 칩 성분
말린 감자, 식물성 기름, 옥수수 가루, 밀가루, 조미료, 소금

영양 성분표
종류	100g당	기준 섭취량
열량	531kcal	2000kcal
단백질	4.5g	75g
탄수화물	49g	230g
지방	35g	70g
식이섬유	3.6g	24g
나트륨	0.67g	2.5g

어른 여자 기준 하루 섭취량

우리가 먹고 있는 음식에는 소금으로 양념한 것들이 많아요.

소금은 적당히 먹어야 해요. 너무 많이 먹으면 고혈압에 걸릴 수 있고, 너무 적게 먹으면 경련을 일으킬 수 있거든요.

우리는 소금이 많아. 우리한테 잘 보이라고!

흥! 그렇다면 너희가 가진 소금을 몽땅 빼앗아 버리겠다!

소금(염화나트륨)은 염소와 나트륨으로

| 원자량 23 | 녹는점 98℃ | 끓는점 883℃ |

소금 광산

바닷물은 나트륨과 염소가 들어 있어서 짠맛이 나요. 바닷물을 햇볕에 말리면 물이 증발되고 하얀 소금만 남지요. 오랜 시간이 지나면 소금 층이 딱딱하게 굳어져서 암염이 된답니다.

바닷물이 증발한 곳에는 '염전'이라고 하는 넓은 소금밭이 만들어져요.

우리는 주로 염전에서 소금을 얻어요.

소금은 1년에 2억 톤 정도 만들어져요.

굉장해! 어디를 봐도 온통 소금이야!

소금 무역

바닷가에 있는 항구 도시들 가운데는 소금 무역을 통해 발달한 곳이 많아요. 서아프리카 말리의 팀북투에는 거대한 소금 시장이 있었고, 영국의 리버풀은 체셔에 있는 암염 광산에서 암염을 캐내어 수출하는 곳으로 유명했답니다. 이루어져 있어요.

나트륨이 쓰이는 곳

나트륨등

가로등에는 나트륨등이 많이 쓰여요. 나트륨등은 안개나 연기 속에서도 빛을 잘 투과하기 때문에 장애물을 잘 볼 수 있답니다.

요리하기

흔히 베이킹소다라고 부르는 탄산수소나트륨은 빵을 만들 때 쓰여요. 베이킹소다를 넣고 빵을 구우면 이산화탄소가 나와서 반죽이 부풀기 때문에 빵이 부드러워져요.

비누와 세제

수산화나트륨은 물에 잘 녹고 거품이 많이 나기 때문에 비누나 세제를 만들 때 쓰여요.

길 녹이기

소금을 길에 뿌리면 물의 어는점이 내려가서 잘 얼지 않아요. 그래서 겨울에 눈이 내리면 길이 미끄럽지 않도록 소금을 뿌리지요.

불 끄기

불을 끄는 소화기에도 나트륨이 들어 있어요. 나트륨은 소화기에 든 물이나 거품이 잘 나오게 해 준답니다.

기타

나트륨화합물은 유리를 만들 때나 옷을 염색할 때에도 쓰여요. 또 자동차 에어백을 부풀릴 때도 쓰인답니다.

Ca 칼슘

원자 번호 20 | 2족 | 알칼리토금속

칼슘은 지구 표면에서 다섯 번째로 많은 원소예요. 수십억 년 동안 바다에는 수많은 생물들이 살았고 또 죽었어요. 생물들은 죽어서 칼슘으로 된 딱딱한 껍데기나 뼈 등을 남겼고, 이것들이 쌓이고 굳어져서 석회암이 되었지요.

하얀 절벽

바다 밑바닥에 만들어진 석회암을 어떻게 땅 위에서 볼 수 있는 걸까요? 바로 지진이나 화산 활동으로 바다 밑에 있던 땅이 바다 위로 올라온 거예요! 그러니까 석회암이 있는 곳은 예전에는 바다 속에 있었던 거지요.

튼튼 칼슘

은색을 띠는 칼슘은 무른 금속 원소예요.
자연에서 칼슘은 항상 다른 원소와 결합되어 있지요.

| 원자량 40 | 녹는점 839℃ | 끓는점 1484℃ |

칼슘 좀 빌릴게!

뼈와 이를 만드는 칼슘은 우리 몸에 가장 많이 있는 금속 원소예요. 칼슘은 세포, 근육, 신경, 뼈를 보호해 주고 호르몬을 조절하는 일도 하고 있지요. 피 속에 칼슘이 충분하지 않으면 뼈 속에서 칼슘을 빌려 쓴 다음 나중에 충분해질 때 다시 돌려보낸답니다.

동굴 조각하기
석회암 속에 있는 칼슘의 일부는 빗물에 녹아내려요. 석회암에 생긴 구멍은 수백만 년 동안 조금씩 벌어지면서 거대한 동굴이 되고, 물방울들이 증발하면서 종유석과 석순을 만들지요.

아름다운 산호
따뜻하고 얕은 바다에 사는 산호는 '산호충'이라고 하는 조그만 동물들로 이루어져 있어요. 산호충은 죽어서 칼슘으로 된 단단한 뼈대를 남기는데, 그 뼈대 위에 살아 있는 산호충이 붙어서 살지요.

센물
칼슘이 녹아 있는 센물은 마셔도 괜찮아요. 하지만 센물에는 비누나 세제가 잘 풀리지 않아요. 센물을 주전자에 끓이면 하얀 찌꺼기가 남지요.

돌과 회반죽
건물을 짓는 데는 칼슘이 빠질 수 없어요. 칼슘은 건물 벽에 바르는 시멘트나 회반죽 속에 들어 있어요. 석회암이 높은 열과 압력을 받으면 멋진 무늬가 있는 대리석이 되는데, 대리석은 타지마할과 같은 멋진 건물을 짓는 데 쓰인답니다.

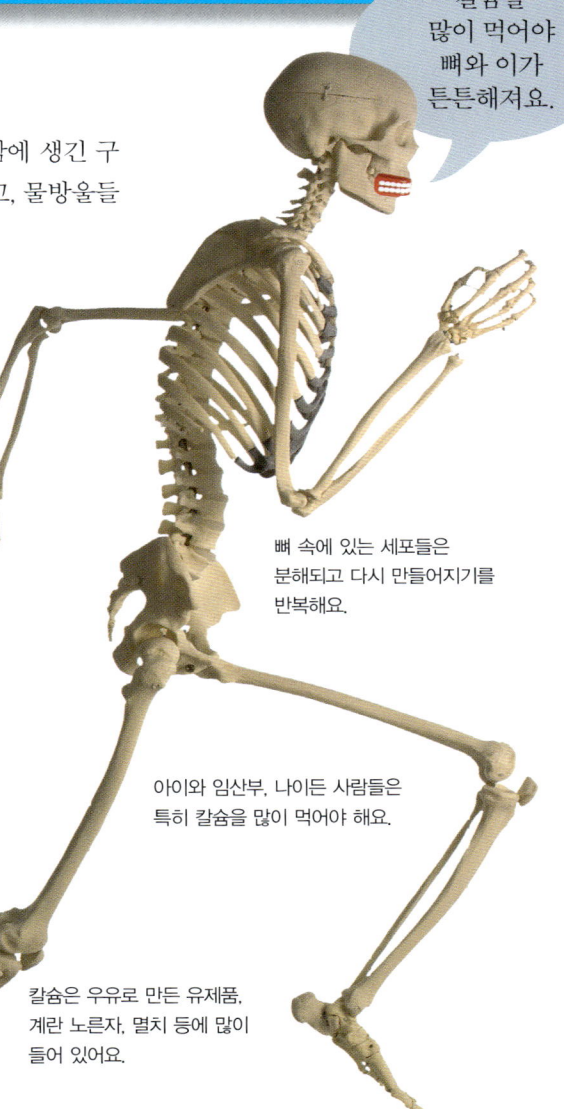

칼슘을 많이 먹어야 뼈와 이가 튼튼해져요.

뼈 속에 있는 세포들은 분해되고 다시 만들어지기를 반복해요.

아이와 임산부, 나이든 사람들은 특히 칼슘을 많이 먹어야 해요.

칼슘은 우유로 만든 유제품, 계란 노른자, 멸치 등에 많이 들어 있어요.

사람들은 1년에 약 1억 2천만 톤이 넘는 석회암을 캐내고 있어요. 하지만 칼슘 원소가 1년 동안 만들어지는 양은 약 2,000톤밖에 되지 않아요.

Mg | 마그네슘 | 원자 번호 12 | 2족 | 알칼리토금속

지구에서 일곱 번째로 많은 금속 **7**

햇빛 사냥꾼
마그네슘

마그네슘은 가볍지만 단단한 금속 원소예요.
마그네슘을 태우면 눈부시게 하얀 불꽃을 내지요.

잎이 초록색으로 보이는 건 잎 속에 있는 마그네슘이 태양에서 나오는 초록빛을 반사하기 때문이에요.

마그네슘은 우리 몸에서 네 번째로 많은 금속 원소예요. 우리 몸에서 300가지가 넘는 반응에 참여하고 있지요.

우리는 채소를 먹고 마그네슘을 얻어요.

나뭇잎은 **빨간빛**과 **파란빛**을 흡수해요.

마그네슘의 이름은 그리스에 있는 도시 '마그네시아(Magnesia)'에서 따온 거야.

| 원자량 24 | 녹는점 649℃ | 끓는점 1090℃ |

마그네슘은 녹색 식물들에게 아주 중요한 원소예요. 잎 속에 있는 마그네슘이 햇빛을 잡아 양분을 만들 수 있도록 도와주기 때문이지요.

햇빛 속에는 빨강, 파랑, 초록 등 색색의 빛깔이 들어 있어요.

무게 줄이기
오늘날에는 경주용 자전거의 몸체를 볼트와 너트로 조립하여 만들지 않고 마그네슘 한 덩어리로 만들기도 해요. 이렇게 만들면 자전거가 훨씬 가볍기 때문에 더욱 빠른 속도를 낼 수 있답니다.

내구성
마그네슘은 가볍고 오래가기 때문에 잔디 깎는 기계, 카메라 등의 몸체를 만드는 데 많이 쓰여요.

고성능
바퀴를 마그네슘으로 만들면 강철이나 알루미늄으로 만든 바퀴보다 훨씬 가볍기 때문에 더 빨리 달릴 수 있어요.

내열성
마그네슘은 끓는점이 높고 열을 잘 견뎌서 난롯가에 쌓는 벽돌을 만들 때도 쓰여요.

엡섬 염
1618년 영국 엡섬 지역을 걸어가던 한 농부는 소가 목이 마른데도 고여 있는 물을 마시지 않는 것을 발견했어요. 농부는 그 물이 맛은 쓰지만 발진을 가라앉힐 수 있다는 것을 알아냈지요. 그 물에 녹아 있던 황산마그네슘을 '엡섬염'이라고 부른답니다.

몸에 좋은 약이 입에 쓴 법이지.

재활용
마그네슘은 1년에 약 45만 톤이 생산되고 있어요. 하지만 마그네슘을 필요로 하는 곳은 점점 더 많아지고 있지요. 사람들은 에너지를 절약하기 위해 마그네슘을 재활용하기도 한답니다.

Fe 철

원자 번호 26 | 8족 | 전이원소

단단한 철

우리가 살고 있는 지구는 거대한 철 덩어리예요. 지구의 중심은 대부분 철로 이루어져 있고, 지구 표면에도 철이 많아서 여러 곳에 쓰인답니다.

운석은 우주에서 지구로 떨어진 돌을 말해요. 사람들이 맨 처음 철로 물건을 만들었을 때도 바로 이 운석을 이용했답니다.

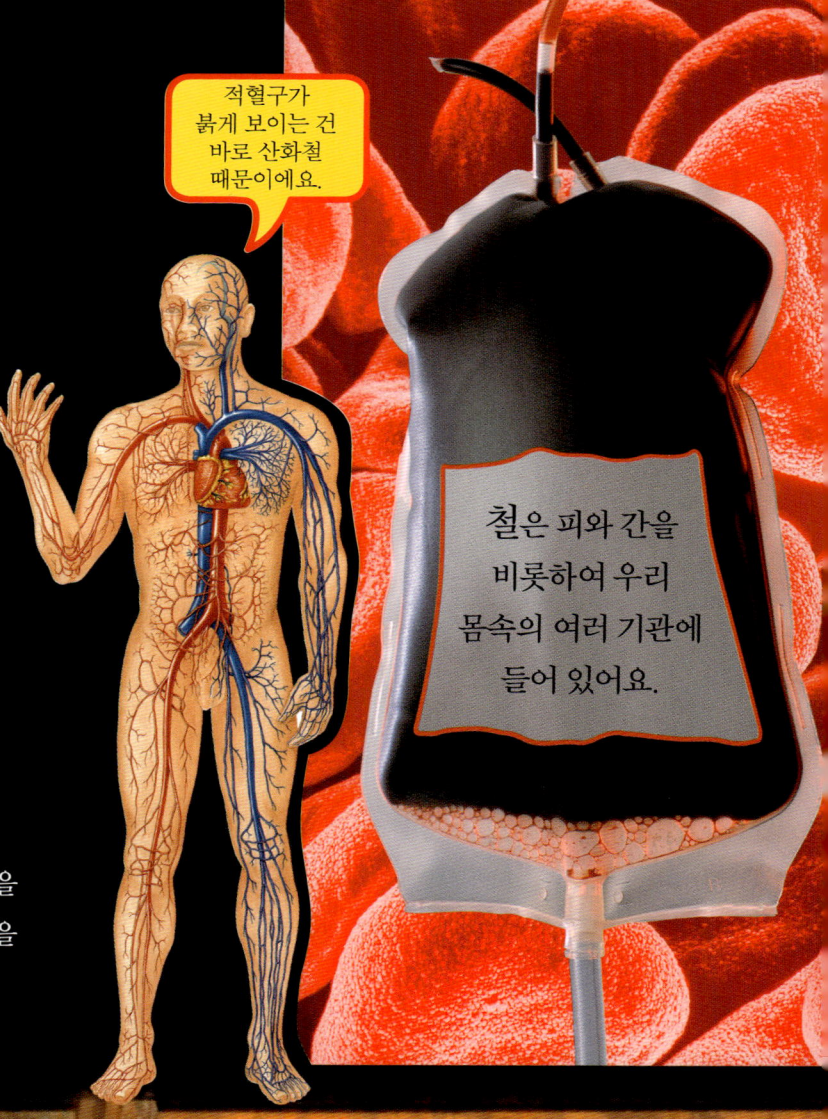

적혈구가 붉게 보이는 건 바로 산화철 때문이에요.

철은 피와 간을 비롯하여 우리 몸속의 여러 기관에 들어 있어요.

화성이 붉게 보이는 건 산화철 때문이에요.

다리를 세울 때는 튼튼하면서도 잘 구부러지는 강철로 뼈대를 만들어요.

| 원자량 56 | 녹는점 1535°C | 끓는점 2750°C |

산소 배달부

철은 우리 몸 가운데에서도 특히 피 속에서 중요한 일을 해요. 적혈구 속에 들어 있는 철 원자는 허파에서 받은 산소를 심장과 뇌로 전달하고, 이산화탄소를 허파로 가져와 우리가 숨을 내쉴 때 밖으로 내보내지요.

잘 살펴보세요!

쓸모없는 녹

철을 공기 중에 두거나 물속에 담그면 산소와 만나 붉거나 검게 변해요. 이것을 녹이라고 하는데, 녹이 슬면 철로 만든 물건이 상해요. 그러니까 철로 만든 장난감들에 물이 묻지 않도록 조심하세요!

철은 쇠고기와 같은 붉은빛이 도는 고기에 많이 들어 있어요.

쓰임새 많은 금속

철은 무척 단단하기 때문에 금속 가운데 가장 많이 쓰여요. 포크, 나이프, 프라이팬부터 배의 몸체나 건물의 뼈대로 쓰이는 철근에 이르기까지 못 만드는 게 없지요. 이렇게 철로 무언가를 만들려면 먼저 철광석에서 순수한 철을 뽑아내야 해요.

자석에 철썩!

철로 만들어진 물건들은 자석에 잘 붙어요. 클립이나 못 속에는 철이 들어 있어서 자석을 갖다 대면 철썩 붙지요.

철에 녹이 슬면 붉게 변하는 것도 산화철 때문이지요.

우주에서 온 원소들

색색의 원소들

웅황

고대 이집트 사람들은 여러 가지 색깔로 신전이나 무덤을 꾸몄어요. 색을 칠하기 위해 쓴 광물 가운데에는 웅황처럼 독성이 있는 것도 있었지요.

청금석

이집트 사람들은 청금석으로 파란색 물감을 만들었어요. 청금석은 알루미늄과 규소, 황 등이 섞인 광물이에요.

계관석

빨간색 물감을 만들 때는 계관석이 쓰였어요. 계관석에는 비소가 들어 있기 때문에 지금은 쓰이지 않아요.

공작석

공작석은 구리와 탄소가 섞인 광물이에요. 공작석은 녹색 물감을 만드는 데 쓰였어요.

물감들 속에는 어떤

알루미늄 칼슘 티타늄

철 산소 셀레늄

팔레트 속에 있는 물감 가운데에는 사람들이

흰색 물감은 티타늄이나 아연으로 만들어요.

카드뮴, 아연, 황으로 노란색 물감을 만들어요.

선사 시대부터 철, 규소, 산화알루미늄으로 황토색을 만들었어요.

구리화합물은 하늘색 물감을 만드는 데도 쓰여요.

코발트와 알루미늄으로 파란색 물감을 만들지요.

코발트화합물로는 자주색 물감을 만들 수 있어요.

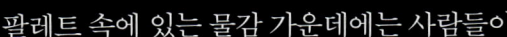
먼저 카드뮴을 칠하고 구리를 살짝 발라요. 코발트를 뿌린 다음 아연으로 선을 긋고,

색색의 원소들

우리가 쓰고 있는 물감 가운데에는 아주 오래전부터 사람들이 만들어 사용했던 색깔들이 많아요. 하지만 독성이 있거나 구하기 어려운 물감들은 다른 재료들로 만들어 써요.

원소들이 들어 있을까요?

탄소 · 구리 · 코발트
규소 · 황 · 카드뮴 · 아연

동굴에서 생활하던 때부터 만들어진 것도 있어요. 그 가운데 사람 몸에 해로운 독성이 드는 것은 요즘은 거의 쓰이지 않아요.

- 구리화합물로 녹색 물감을 만들어요.
- 오래전부터 짙은 녹색을 만들 때는 알루미늄, 규산, 철을 썼어요.
- 산화철이나 망간은 고대부터 갈색 물감을 만드는 데 사용되었어요.
- 선명한 빨간색을 만들 때는 카드뮴, 황, 셀레늄이 필요해요.
- 아주 오래전 사람들이 동굴에다 벽화를 그릴 때부터 금색을 칠할 때 산화철을 썼어요.
- 검정 물감은 탄소, 칼슘, 산화철로 만들었지요.

휘안석

고대 사람들은 휘안석을 빻아서 검은색을 칠하거나 눈썹을 그렸어요. 하지만 독성이 있는 안티몬이 들어 있기 때문에 지금은 쓰이지 않아요.

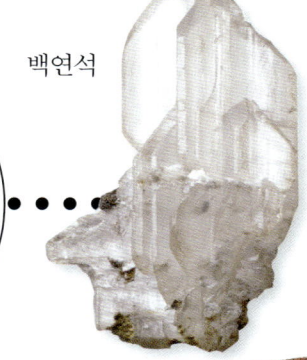
백연석

예전에는 백연석으로 흰색 물감을 만들었어요. 하지만 백연석 속에는 독성이 있는 납이 들어 있기 때문에 지금은 쓰지 않아요.

진사

중세의 화가들은 진사로 주황색 물감을 만들었어요. 하지만 독성을 띤 수은이 들어 있어서 지금은 쓰지 않아요.

남동석

중세 시대의 화가들은 파란색을 만들 때 구리와 탄소로 된 남동석을 썼어요.

티타늄으로 광택을 내요. 탄소로 밝고 어두운 것을 나타내고 셀레늄으로 마무리하면 작품 완성!

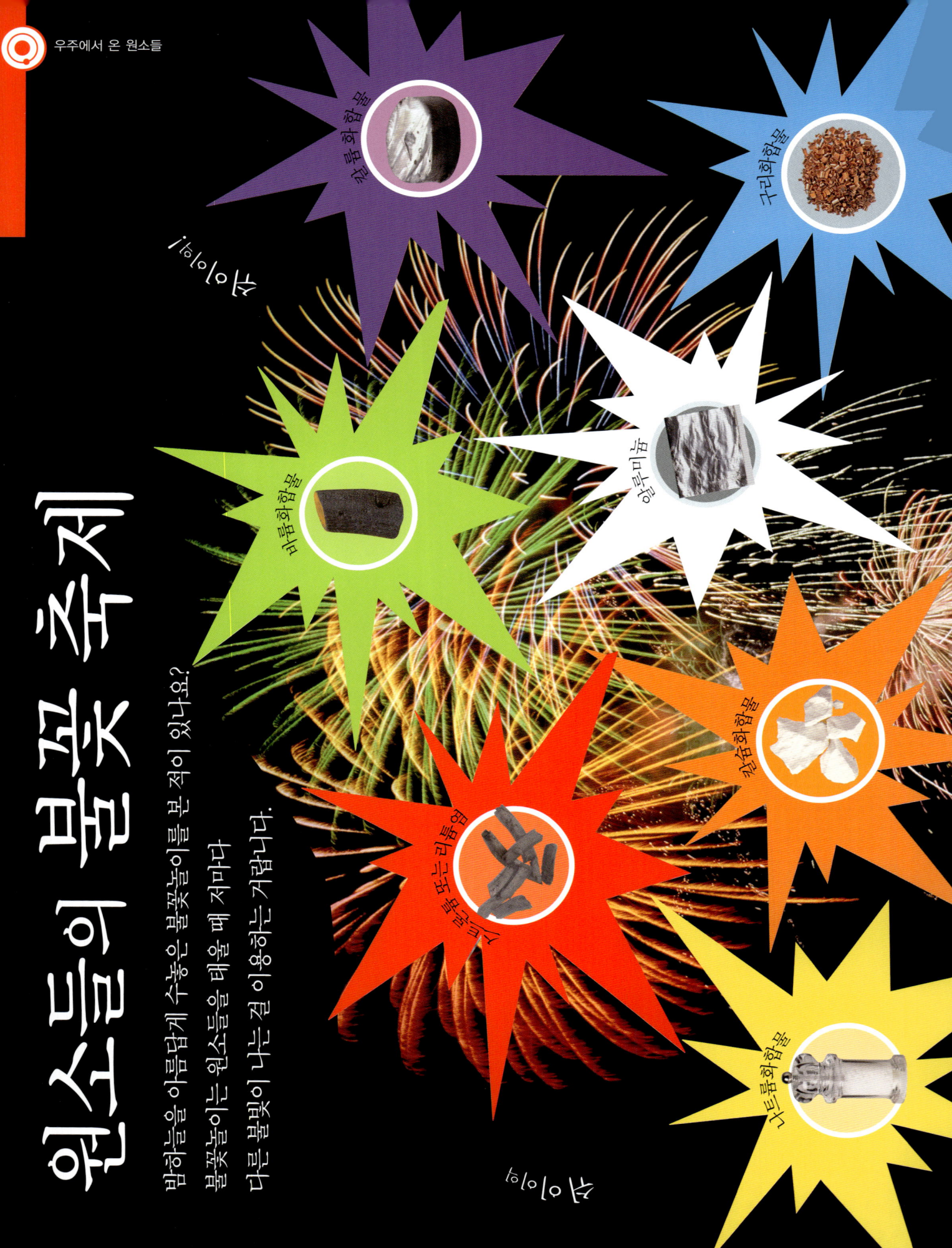

원소들의 불꽃 축제

특수 효과

나트륨화합물로 쉬익 하는 소리와 반짝이는 효과를 낼 수 있어요.

반짝하고 빛나는 것은?

콩알 크기의 불꽃

화약에 불을 붙이면 불꽃들이 색색의 빛을 내며 하늘에서 쏟아져 내려요. 원소마다 내는 불꽃색이 다르지요. 색을 내는 원소 외에 또 어떤 물질이 들어갈까요?

성분

산화제 — 원소들을 금방 타게 하기 위해 산소와 질룸화합물을 넣어요.

금속 조각 — 알루미늄, 철, 강철, 아연, 마그네슘 등의 금속 조각을 넣으면 불꽃이 더욱 밝게 빛나요.

펑! 펑!

쉬이이익

펑 하고 터지는 것은?

검은색 가루

화약 가루에 불을 붙이면 가루가 폭발하면서 불꽃이 생겨요. 화약을 이루는 원소들의 양이 많을수록 더 크게 폭발해요.

성분

탄소 / 황 / 칼륨, 질소

59

Ag 은

| 원자 번호 47 | 11족 | 전이원소 |

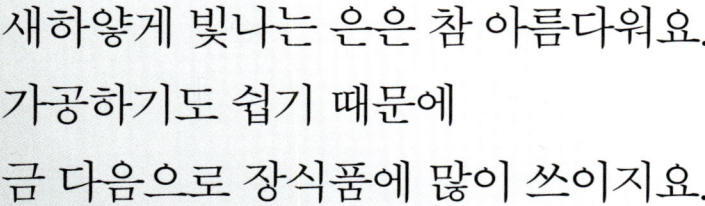

반짝반짝 은

새하얗게 빛나는 은은 참 아름다워요.
가공하기도 쉽기 때문에
금 다음으로 장식품에 많이 쓰이지요.

은의 원소 기호인 'Ag'는
'아르겐툼(Argentums)'에서
나왔어요. 남아메리카에
있는 아르헨티나는
은이 많은 줄 알고 지은
이름이지요.

제련
옛날에는 은을 어떻게 얻었는지 살펴볼까요? '회분접시'라고 하는 얇은 접시에 금속을 놓고 공기를 충분히 불어 넣어 센 불에 녹여요. 그러면 다른 금속들이 먼저 녹고 은만 남아요.

쓰기 아까운 동전
은은 수천 년 동안 동전으로 쓰였는데, 쉽게 닳아 버리고 말았어요. 그래서 지금은 은 동전을 쓰지 않아요.

반짝반짝
은을 밖에다 오래 두면 공기 속에 있는 황화합물과 만나서 표면이 거뭇거뭇해져요.

은으로 만든 트로피
은에 구리를 약간 섞으면 튼튼해져서 쉽게 닳지 않아요.

원자량 108 | 녹는점 962°C | 끓는점 2212°C

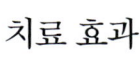

치료 효과
은은 우리 몸에 해로운 박테리아나 바이러스를 없애 줘요. 그래서 상처 난 곳을 감싸는 붕대에는 은 알갱이가 들어 있어요.

전자 제품
은은 열과 전기를 아주 잘 전달해요. 그래서 전류를 미세하게 조절해야 하는 전자 제품에 쓰이지요.

윤기가 반지르르
은은 반짝반짝 예쁘게 빛나는 귀고리나 반지 등 장신구를 만들 때 쓰여요. 보통 은으로 물건을 만들 때는 잘 닳지 않도록 20% 정도 구리를 섞는답니다.

멋진 저녁 식사
은으로 된 나이프와 포크를 만들면 예쁘기도 할 뿐만 아니라 세균이 살지 않아서 위생적이에요.

은을 빛내라!
그래서 은으로 만든 물건이 빛을 잃지 않게 하려면 자주 닦아 주어야 해요.

은 1그램을 가늘고 얇게 만들면 약 2킬로미터까지 늘어날 수 있어요.

냄새를 싹!
발에서 시큼한 냄새가 나는 건 박테리아 때문이에요. 양말에 은 섬유를 넣으면 박테리아를 없애 주기 때문에 발 냄새가 한결 덜하답니다.

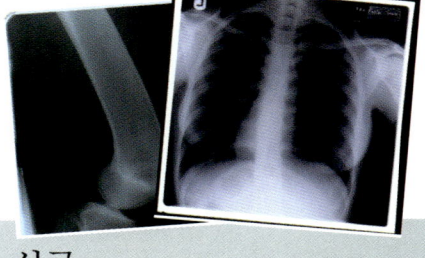

빛에 민감한 은
은은 빛을 잘 반사하기 때문에 엑스선 필름이나 사진 인화지에도 은 화합물을 발라 두어요.

살균
물에 은을 넣으면 박테리아를 없애기 때문에 안심하고 쓸 수 있어요. 그래서 오래전부터 사람들은 우물에 은 동전을 던져 넣었지요.

거울 속에도 은이 들어 있어요.

Au 금

| 원자 번호 79 | 11족 | 전이원소 |

번쩍번쩍 금

금은 오랫동안 녹슬지 않고 노란빛을 반짝여요. 그래서 선사 시대부터 사람들은 금을 귀하게 여겼어요.

투탕카멘(기원전 1361년~1352년)

부와 권력의 상징

수천 년 동안 왕과 부자들은 금으로 장신구를 만들어 몸을 꾸몄어요. 바위에 섞여 있던 금이 바람에 깎여서 개울이나 강바닥에 쌓인 것을 '사금'이라고 하는데, 고대 이집트 사람들은 나일 강에서 사금을 캐어 파라오인 투탕카멘의 무덤을 번쩍거리게 꾸몄어요.

유레카(알았다)!

시칠리아의 시라쿠사 왕은 순금으로 된 새로운 왕관을 주문한 다음, 과학자인 아르키메데스에게 왕관이 정말 순금으로만 이루어져 있는지 알아내라고 했어요. 과연 아르키메데스는 어떻게 이 문제를 해결했을까요?

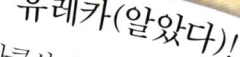

확 녹여 버릴까?

아르키메데스 (기원전 257~212년)

아르키메데스는 욕조에 들어가다가 물이 넘치는 것을 보고 답을 찾아냈어요. 그는 "유레카!"라고 외치며 집으로 돌아가서는 왕관의 무게를 잰 다음 물에 넣었을 때 물의 높이가 얼마나 올라가는지 측정했어요. 같은 무게의 순금을 물에 넣어 보자 올라간 물의 높이가 달랐고, 순금에 다른 물질이 섞여 있다는 것이 밝혀졌답니다.

순금이 아니잖아!

원자량 197 | 녹는점 1064℃ | 끓는점 2807℃

황금을 만드는 마법

연금술사들은 현자의 돌만 있으면 납과 같은 값싼 금속을 금으로 바꿀 수 있을 거라고 믿었어요.

순금

월드컵 축구 트로피는 18K 합금으로 만들어요. 순금이 75% 들어 있다는 뜻이지요.

보석을 만들 때 금이 얼마나 들어 있는지 표시할 때 '캐럿(K)'이라는 단위를 써요. 순수하게 금만 들어 있으면 24K라고 표시하지요. 캐럿은 원래 지중해를 누비던 상인들이 씨앗이나 콩의 무게를 잴 때 쓰던 단위였는데, 14세기부터 영국 사람들이 금으로 만든 물건에 캐럿을 새기기 시작했어요.

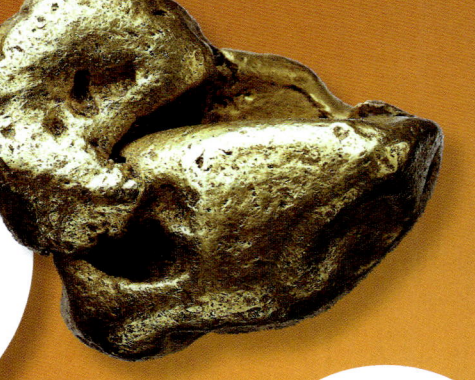

남극에 있는 에레부스 화산에서는 화산재 속에 금이 섞여서 나와요.

금을 찾아라!

16세기 스페인 사람들은 금을 찾아 중앙아메리카와 남아메리카에 갔다가 그곳에 살던 원주민들을 무참히 죽였어요. 19세기에 미국 캘리포니아에서 금이 잔뜩 발견되자 사람들이 앞 다투어 그곳으로 몰려들었지요. 오늘날 금을 가장 많이 생산하는 나라는 남아프리카 공화국이에요. 땅속 3000미터나 되는 곳에서 금을 캐내고 있지요.

금은 금니, 금화, 금반지뿐만 아니라 전자 기계나 인공위성을 만들 때도 쓰여요.

금의 원소 기호 'Au'는 '아침의 빛(Aurum)'이라는 뜻의 라틴 어에서 나왔어요.

금은 무르기 때문에 가공하기가 쉬워요. 금을 아주 얇게 편 것을 '금박'이라고 하는데, 쌀 한 톨만 한 금 알갱이로 넓이가 1제곱미터나 되는 금박을 만들 수 있답니다.

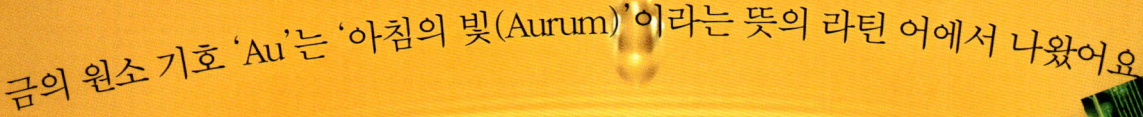

원소 사용 안내서

생활 속에서 자주

집을 한번 둘러보세요.
집을 이루고 있는 벽이며 창문, 커튼, 가구 등은 모두 하나

전자 제품

우리가 버튼만 누르면, 전깃불과 텔레비전이 켜지고, 컴퓨터에 글자를 쓸 수 있어요. 이 모든 것을 가능하게 해 주는 원소는 과연 무엇일까요?

- **반도체**: 규소가 들어 있는 반도체는 전자 제품에 흐르는 전류의 세기를 조절해요.
- **스위치**: 구리, 은, 금과 같이 전기가 잘 통하는 원소들로 스위치를 만들어요.
- **텔레비전 화면**: 볼록한 유리(규소화합물과 유로퓸)로 만들어진 화면 안쪽에는 에너지를 받으면 빛을 내는 인광 물질이 묻어 있어요. 화면 뒤에서 전자총이 전자를 쏘면 인광 물질이 빨강, 파랑, 초록빛을 내면서 영상을 만든답니다.

주로 쓰인 원소들: Si Cu Ag Eu

생활필수품

- **전원**: 니켈과 카드뮴으로 만든 전지와 텅스텐이 들어 있는 전구만 있으면 밤도 대낮처럼 환하게 밝힐 수 있어요.
- **부엌 용품**: 크롬, 니켈로 이루어진 스테인리스강으로 냄비나 칼 등을 만들어요.
- **화재 예방**: 아메리슘은 연기를 감지하는 화재 경보 장치에 쓰여요.

주로 쓰인 원소들:
Ni Cd W
Fe C Cr

집 짓는 재료

- **튼튼하게!**: 집을 지을 때는 석고(칼슘, 황산칼슘)를 벽과 천장에 발라서 단단하게 굳혀요.
- **단열**: 구리나 PVC(염소화합물)로 만든 파이프는 열을 잘 전달하지 않기 때문에 따뜻한 물은 따뜻하게, 차가운 물은 차갑게 유지시켜 줘요.
- **보온**: 창문 유리(규산칼슘) 사이에 들어 있는 아르곤이나 크립톤 가스는 열이 달아나지 않도록 막아 줘요.
- **방수**: 고령토(규산알루미늄)를 구워 만든 세면대나 변기는 물이 새지 않아요.

주로 쓰인 원소들: Ca S Cu Cl Ar Al

만나는 원소들

이상의 원소로 이루어져 있답니다. 생활 속에서 유용하게 쓰이는 원소들을 찾아볼까요?

원소 사용 안내서

청소용품 💧

더러운 접시를 씻고, 옷을 깨끗이 빨고, 변기와 세면대를 씻을 때는 어떤 원소들의 도움을 받을까요?

● **살균**: 염소는 우리 몸에 해로운 박테리아와 바이러스를 죽이고, 흰 옷에 묻은 얼룩도 깨끗이 지워서 하얗게 만들어 줘요.
● **때 빼기**: 나트륨염은 묵은 기름때를 없애는 비누를 만드는 데 쓰이고, 칼륨염으로는 손을 씻는 부드러운 비누를 만드는 데 쓰여요.

주로 쓰인 원소들: Cl Na K H

의약품 ✚

우리 몸에 상처가 났거나 배탈이 났을 때, 치료제나 진통제로 사용하는 약품에는 어떤 원소들이 들어 있을까요?

● **항생제**: 황이 들어 있는 페니실린은 우리 몸에 해로운 박테리아를 없애 줘요.
● **로션**: 아연으로 만든 연고는 피부에 난 염증을 가라앉혀요.
● **완하제**: 마그네슘은 변비약에도 들어 있어요.

주로 쓰인 원소들: S Zn Mg Ca O

가정용품 🎯

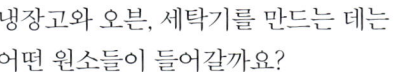

냉장고와 오븐, 세탁기를 만드는 데는 어떤 원소들이 들어갈까요?

● **하얀색**: 가전제품에는 반지르르한 하얀색이 많아요. 이 하얀색은 독성이 없는 티타늄화합물로 만들지요.
● **열**: 니켈과 크롬은 불에 빨갛게 달구어져도 끄떡없어요. 그래서 토스터나 오븐을 만들 때 쓰이지요.
● **깨끗한 오븐**: 오븐 벽에 세륨화합물을 씌우면 때가 잘 묻지 않아요.

주로 쓰인 원소들: Ti Ni Cr Ce

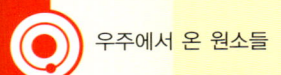
우주에서 온 원소들

모래 — 모래(규소)를 석회(칼슘), 소다(탄소, 나트륨)와 섞어 높은 온도에서 가열해요.

쏫

공기 — 공기를 모아서 영하 186도로 얼리면 액체 아르곤을 얻을 수 있어요.

광물 — 회중석이나 텅스텐 원석을 가루로 빻아서 텅스텐 결정을 얻어요.

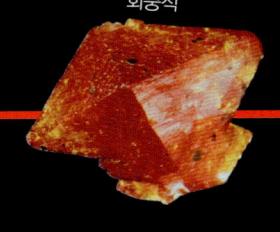
회중석

진사

진사를 부수어 593도로 끓이면 수은 기체를 얻을 수 있어요. 이 수은 기체를 식혀서 수은을 얻지요.

모나자이트(인산염 광물)에 수산화 나트륨을 섞은 다음 기름과 물로 이루어진 층에 60번 이상 분배해서 희토류 금속을 분리해요.

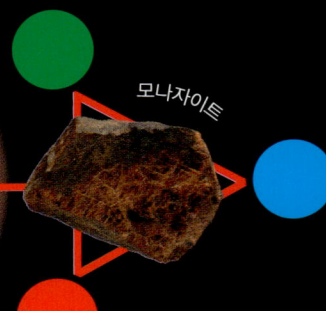
모나자이트

형광등을 어떻게 만들까?

오늘날 쓰이는 형광등은 예전보다 훨씬 더 에너지를 적게 쓰면서도 오래 쓸 수 있어요. 전기 에너지를 빛 에너지로 더 잘 바꾸어 주는 원소들로 만들기 때문이죠.

희토류 금속에는 푸른빛을 내는 유로퓸, 초록빛을 내는 란탄, 세륨, 테르븀, 붉은빛을 내는 이트륨 등이 있어요.

모래
유리 전구
액체가 식어서 굳기 전에 가운데에 바람을 불어 넣으면 공 모양으로 부풀려서 굳어져요.

공기
충전 가스
전구 속에는 아르곤 가스를 가득 채워 넣어요. 아르곤은 전구 속의 어떤 원소와도 반응하지 않기 때문에 필라멘트가 타지 않도록 도와줘요.

텅스텐
전극
텅스텐 가닥을 꼬아 만든 필라멘트에 전기가 흐르면 텅스텐이 열을 내면서 환한 빛을 내요.

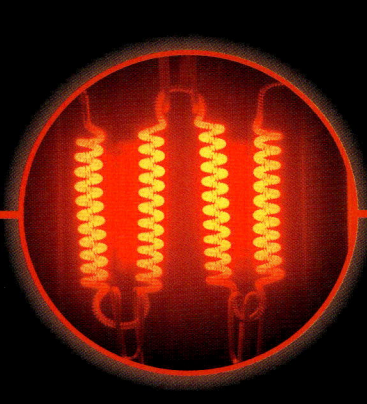

수은
에너지
전구에는 작은 수은 조각이 들어 있어요. 전기가 흐르면 수은에 자외선(눈에 보이지 않는 빛)이 부딪혀요.

인광 물질
새하얀 빛
전구의 안쪽에는 세 가지 색깔을 내는 인광 물질이 칠해져 있어요. 전기가 흘러서 에너지를 받으면 인광 물질이 빛을 내요. 세 가지 색깔이 합쳐지면 우리가 보는 하얀빛이 되지요.

우리 눈에는 계속 빛을 내는 것처럼 보이지요. 형광등은 1초에 60번 정도 깜빡여요. 하지만

무시무시한

악명 높은 원소들이 모두 모였어요.

어떤 원소는
살갗에 닿는 순간
몸이 뻣뻣해지거나
심한 아픔을 느끼게 돼요.
정신이 이상해지거나
심지어는 목숨을 잃을
수도 있지요.

약을 너무 많이 먹었나 봐.

안티몬
모차르트는 우울증을 치료하기 위해서 의사가 처방해 준 안티몬화합물을 너무 많이 먹은 나머지 35세에 죽었다고 주장하는 사람도 있어요.

내가 고작 벽지 때문에 아팠던 거야?

비소
프랑스의 황제 나폴레옹은 녹색 벽지에 들어 있던 비소에 중독되었다고 해요.

절대 먹지 말 것! 절대 먹지 말 것! 절대 먹지 말 것! 절대 먹지 말 것! 절대 먹지 말 것!

금을 만드는 데 목숨을 걸겠어!

수은
아이작 뉴턴처럼 연금술을 연구하던 사람들 가운데는 수은이 몸에 좋은 줄 알고 먹다가 몸이 상한 경우가 많아요.

인
19세기에는 성냥 머리를 흰인으로 만들었어요. 성냥 공장 사람들은 인이 해로운 줄도 모르고 인을 입 속에 집어 넣어서 성냥 머리를 둥그렇게 만들었지요. 결국 성냥 공장 사람들은 턱뼈가 썩는 인산괴사라는 병에 걸리고 말았어요.

방사성 원소들
2006년 11월, 러시아에서 런던으로 망명한 알렉산드르 리트비넨코는 갑작스럽게 살해당했어요. 죽은 리트비넨코의 몸에서 나온 것이 바로 폴로늄이지요.

독성 원소들

무시무시한 독성 원소들

이 원소들을 직접 만졌다가는 목숨이 위험해질 수도 있으니 조심하세요!

카드뮴
일본에서 발견된 이타이이타이병은 카드뮴에 오염된 강물을 끌어다 키운 쌀을 먹어서 걸리는 병이에요. 몸에 카드뮴이 조금씩 쌓여서 뼈가 물러지다가 결국 죽고 말지요.

탄소
탄소는 우리에게 꼭 필요한 원소이지만 일산화탄소처럼 몇몇 탄소화합물은 몸에 무척 해로워요. 탄소가 들어 있는 시안화화합물 때문에 물고기들이 떼죽음을 당하기도 하지요.

예전에는 포도주를 납이 든 유리병에 보관하기도 했어요.

납
생물학자 찰스 다윈은 통풍이라고 하는 심한 관절염을 앓았어요. 다윈이 좋아하던 포도주에 납이 들어 있었기 때문이지요.

지 말 것! 절대 먹지 말 것! 절대 만지지도 말 것! 절대 만지지도 말 것! 절대 만지지도 말 것!

그만 좀 먹어!

셀레늄
미국의 대초원 지대에 풍부한 셀레늄은 적당히 먹으면 몸에 좋지만 너무 많이 먹으면 독이 될 수 있어요. 소 떼를 몰던 카우보이들은 소들이 셀레늄이 들어 있는 자운영을 많이 먹으면 힘없이 비틀거린다는 사실을 알아냈지요.

탈륨
유명한 추리 소설 작가이자 약사였던 애거서 크리스티가 쓴 소설 『창백한 말』에서는 탈륨으로 사람을 죽이는 이야기가 나와요. 희생자의 머리카락이 점점 빠졌다는 것이 탈륨을 썼다는 증거가 되었지요.

많은 원소들이 독성을 갖고 있어요. 하지만 양이 아주 조금일 때는 괜찮은 경우도 많답니다.

| 알루미늄 | 원자 번호 13 | 13족 | 전이후원소 |

꾸깃꾸깃 알루미늄

알루미늄은 무르기 때문에
두드리거나 누르면 얇게 잘 펴져요.
빛이나 열을 반사하는 성질이 있고,
가벼우면서도 튼튼하고 녹이 슬지 않는 데다
전기도 잘 통하기 때문에 쓰임새가 아주 많지요.

알루미늄의 이름은 '명반'이라는 라틴 어에서 왔어요.
황산알루미늄인 명반은 오래전부터
옷감을 예쁜 색으로 물들일 때 쓰였어요.
손톱에 봉숭아물을 들일 때도 명반이 쓰인답니다.

95% = 알루미늄 캔을
재활용하면 새 알루미늄 캔을

| 원자량 27 | 녹는점 661℃ | 끓는점 2467℃ |

흙 속에는 알루미늄이 많이 들어 있어요. 차나무는 흙 속에 있는 알루미늄을 잘 빨아들인답니다.

홍차

알루미늄은 지구 표면에서 가장 풍부한 금속이에요.

알루미늄은 마치 거울처럼 빛을 반사해요. 알루미늄 표면은 반질거리거든요.

 루비
 사파이어
 토파즈

알루미늄으로 치장을 해요.
사파이어, 루비, 토파즈, 터키석, 옥 등에는 모두 알루미늄이 들어 있어요. 보석들이 저마다 다른 빛깔을 내는 건 그 속에 있는 다른 원소들 때문이지요.

송전탑

알루미늄으로 전기를 날라요.
알루미늄은 전기가 아주 잘 통하기 때문에 전선이나 송전탑의 동력선을 만들 때도 쓰여요.

알루미늄을 타고 떠나요.
알루미늄은 가볍고 튼튼하기 때문에 배, 자동차, 엔진, 비행기 등 여러 기계나 부품을 만드는 데 쓰여요.

돛대

시원한 음료수가 든 캔도 알루미늄으로 만들어요.

매해 전 세계에서 2200만 톤의 알루미늄이 만들어져요. 그리고 비슷한 양의 알루미늄이 재활용되지요.

만드는 데 쓰이는 에너지가 95 퍼센트나 절약돼요.

Si | 규소 | 원자 번호 14 | 14족 | 비금속

신통방통 규소

규소가 없으면 바닷가에 멋진 모래성도 쌓을 수 없어요.

규소를 처음 들어본다고요? 사실 규소는 우리 주위에 널려 있어요. 규소가 산소와 결합한 것이 바로 모래거든요.

모래는 지구 표면의 반 이상을 덮고 있어요.

순수한 규소 결정은 푸르스름한 빛이 도는 금속처럼 보여요.

위험한 원소
규산이 들어 있는 먼지를 오래 들이마시면 숨이 차오르는 규폐증에 걸릴 수 있어요. 규소화합물인 석면은 불에 잘 타지 않아서 예전에는 집을 지을 때 많이 쓰였지만, 폐암을 일으킨다는 사실이 밝혀지고 난 후부터는 잘 쓰이지 않아요.

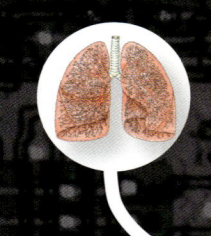

| 원자량 28 | 녹는점 1410℃ | 끓는점 2355℃ |

유리
모래를 약 1400도로 가열하면 녹색 유리가 돼요. 여기에 다른 원소를 섞으면 색색의 유리를 만들 수 있지요.

원자시계
규산 결정은 전기가 흐르면 가늘게 떨려요. 이 떨림이 아주 정확하기 때문에 특수 시계를 만드는 데 쓰이기도 하지요.

광물과 보석
광물이나 보석 가운데는 규소가 들어 있는 것이 아주 많아요. 활석, 오팔, 라인석, 자수정 등에도 규소가 들어 있어요.

실리콘
실리콘은 규소의 또 다른 이름이에요. 미끈미끈한 느낌을 주는 실리콘은 성형 수술을 할 때 많이 쓰여요.

반도체
라디오나 컴퓨터를 비롯한 복잡한 전자 제품 속에는 반도체가 빠질 수 없어요. 반도체는 온도에 따라 전기 전도도가 바뀌는 물질을 말해요. 반도체인 규소에 약간의 불순물을 첨가하면 전기 전도도가 아주 커진답니다.

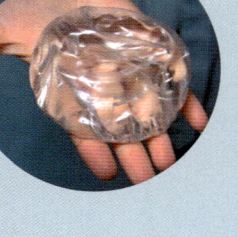

빈틈없이 뾰족뾰족

해면은 실리콘으로 몸의 골격을 만들어요.

쐐기풀 줄기에 나 있는 조그만 가시는 이산화규소로 되어 있어요.

작은 유리 조각이 박혀 있는 셈이니 만질 때 조심해야 해요.

앗, 따가워!

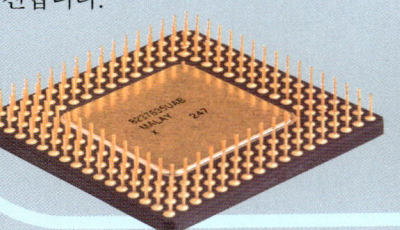

실리콘 밸리 가는 길

| **S** 황 | 원자 번호 16 | 16족 | 비금속 |

구린내 나는 황

황은 노란색 가루처럼 보이는 원소예요.
공기 중에서 황을 태우면
고약한 냄새가 나지요.

옛날부터 사람들은 황이 화산에서 나오는
유황과 같다는 사실을 잘 알고 있었어요.
사람들은 죄를 지으면 죽어서
지옥에 있는 유황 불구덩이로 떨어진다고
생각했지요.

웩! 이게 무슨 냄새야?
세계에서 가장 큰 꽃인
타이탄아룸은 4년에 한 번씩
꽃을 피워요. 꽃에는 황화합물이
들어 있어서 고기 썩는 냄새가 난답니다.

다행히 이 냄새를 좋아해서
찾아오는 벌도 있답니다.

스컹크의 방귀에는
황화합물이 세 가지나 들어 있어서
아주 지독한 냄새가 나요.

74

| 원자량 32 | 녹는점 113°C | 끓는점 444°C |

황을 찾아보아요!

표백
종이 공장에서는 나무에 황 화합물을 넣어서 질긴 섬유질을 녹이고 하얗게 표백시켜 종이를 만들어요.

발효
황은 포도주를 만드는 데도 쓰여요. 황은 포도주 속에 든 나쁜 세균을 죽이고, 포도주 맛을 좋게 하는 효모의 수가 늘도록 도와주지요.

가황
천연고무에 황을 섞어 가열하면 탄력 있고 튼튼한 고무를 만들 수 있어요. 이 과정을 '가황'이라고 하고 이렇게 만들어진 고무는 자동차 타이어로 사용하지요.

생명의 탄생
맨 처음 지구에 살기 시작한 생물은 아마도 바다 속에 있는 화산 근처에서 유황을 먹고 살던 박테리아였을 거예요.

황을 가열하면 녹았다가 굳어지면서 노르스름한 결정이 돼요.

산성비
석탄이나 기름을 태울 때 이산화황이 나와요. 공기 중에 있던 이산화황이 빗물에 녹아서 내리면 식물들이 말라 죽고, 건축물을 상하게 하지요.

몸속에 있는 황
황은 단백질을 만드는 데 쓰기 때문에 모든 생물에게 꼭 필요한 원소이기도 해요. 황은 피부, 머리카락, 손톱 속에도 들어 있지요.

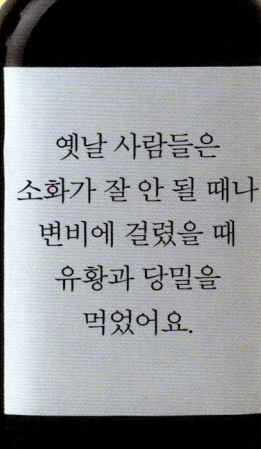

옛날 사람들은 소화가 잘 안 될 때나 변비에 걸렸을 때 유황과 당밀을 먹었어요.

항생제
우리 몸에 해로운 박테리아를 없애 주는 페니실린은 황화합물이에요.

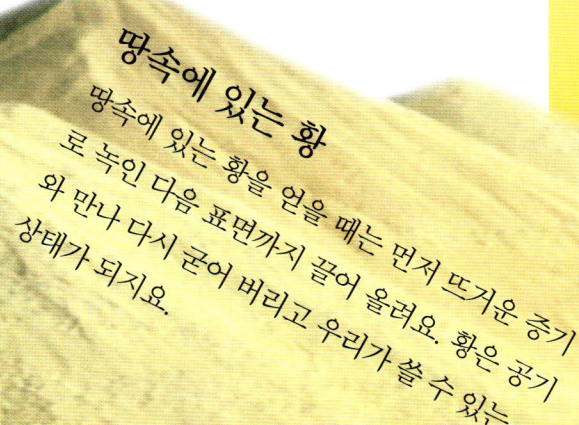

땅속에 있는 황
땅속에 있는 황을 얻을 때는 먼저 뜨거운 증기로 녹인 다음 표면까지 끌어 올려요. 황은 공기와 만나 다시 굳어 버리고 우리가 쓸 수 있는 상태가 되지요.

일부러 썩은 달걀 냄새가 나게 한다고?
집에서 가스렌지를 켤 때 이상한 냄새가 나지요? 원래 천연가스에서는 아무런 냄새가 나지 않아요. 가스가 샜을 때 얼른 알아챌 수 있도록 냄새 나는 황을 넣은 거랍니다.

Hg 수은

| 원자 번호 80 | 12족 | 전이원소 |

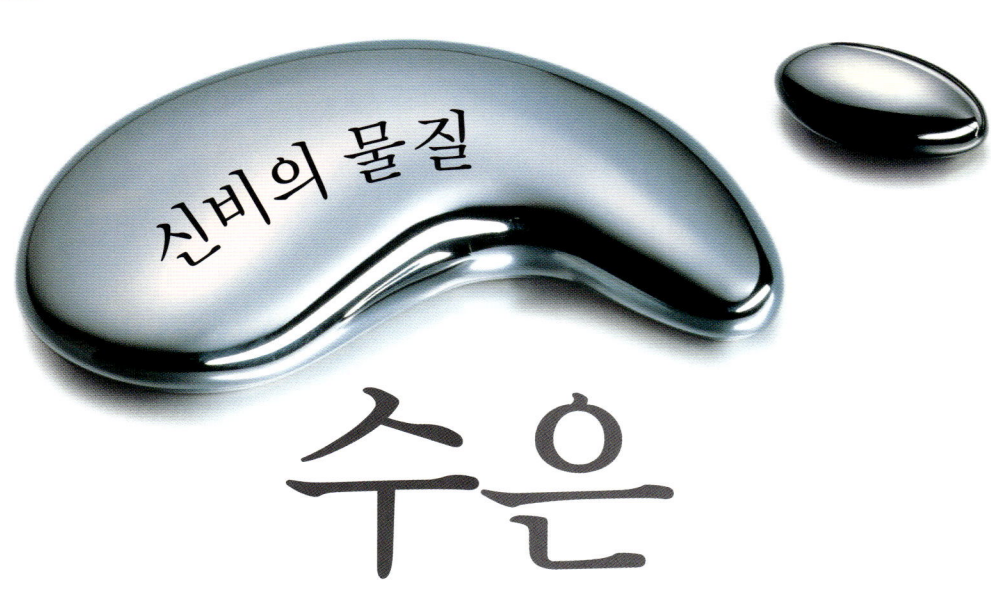

신비의 물질

온도계는 수은이 열을 받으면 부쩍부쩍 늘어나는 성질을 이용해요.

수은

액체 상태인 수은은
마치 은을 녹인 것처럼 반짝반짝
빛을 내며 출렁거려요.
사람들은 이 아름다운 금속에
마법 같은 힘이 있을 거라고
생각했지요. 수은은 모든 생물의 몸에
조금씩 들어 있기 때문에
우리가 먹는 거의 모든 음식에
들어 있어요.

바다에 사는
물고기 몸속에는
수은이 들어 있어요.

수은은 기원전 1500년경에 발견되었어요.

하지만 수은을 너무 많이 먹지 않도록 조심하세요.
몸속에 수은이 쌓이면
치명적인 병에 걸릴 수도 있거든요.

한때 수은은 약으로 쓰였지만 사실은……

| 원자량 201 | 녹는점 −39℃ | 끓는점 357℃ |

수은 속에 독이?

수은은 붉은색 광물인 진사를 가열해서 얻어요. 진사는 전 세계에서 발견되는데, 특히 스페인, 러시아, 중국에 많이 묻혀 있지요. 수은은 어떤 상태이든지 우리 몸에 치명적이지만 그 가운데에서도 메틸수은이 가장 무시무시해요. 화학 약품으로 오염된 물속에 사는 물고기들은 몸속에 메틸수은이 쌓이게 돼요. 그러면 그 물고기를 먹는 사람까지도 심각한 병에 걸리고 말지요.

예전에 수은이 쓰였던 곳

온도계 속에 수은을 넣어서 눈금을 가리켰어요.

두터운 펠트로 모자를 만들 때 수은을 넣었어요.

금과 은에 수은을 섞어서 건물을 지을 때 쓰였어요.

에이, 괜찮겠지 뭐!

수은에 독성이 있다는 사실을 알면서도 사람들은 대수롭지 않게 여기고 물건을 만들 때 수은을 사용했어요. 모자 공장에서 일하는 사람들은 수은화합물로 펠트를 만들다가 수은 중독을 일으키기도 했지요. 1950년대 말이 되어서야 과학자들이 수은을 쓰지 말자고 주장하기 시작했어요.

수은 때문인가? 눈앞이 핑핑 도네.

오늘날 수은의 쓰임새

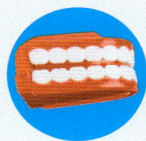
치과에서 다른 금속과 수은을 섞어서 이 틈을 메울 때 써요.

사진기나 휴대용 전자제품에 들어가는 작은 건전지를 만들 때 산화수은을 이용해요.

형광등 속에도 아주 조금이나마 수은이 들어 있어요.

수은은 마치 은이 녹아 있는 것처럼 보이기 때문에 한자로 '액체 은'이라는 뜻을 갖고 있어요. 영어로는 '빨리 움직이는 은'이라는 뜻을 갖고 있지요.

무서운 독성을 갖고 있었어요!

| 원자량 35.5 | 녹는점 −101°C | 끓는점 −34°C |

수영장에 가면 독특한 냄새가 나지요? 수영장 물을 소독하려고 넣어둔 염소에서 나는 냄새예요.

염소가 일단 다른 원소와 결합하면 대부분 독성이 사라져요. 대표적인 염소화합물로 소금(염화나트륨)이 있지요.

염소는 그리스 어로 '엷은 녹색'을 뜻해요.

염소 기체는 녹황색을 띠고 냄새가 나요. 다른 물질을 만나면 화학 반응을 아주 잘 일으키기 때문에 위험하지요.

대기 오염
염소 원자는 지구를 둘러싸고 있는 오존층을 파괴해요. 오존층이 파괴되면 우리 몸에 해로운 자외선이 많이 들어오기 때문에 요즘은 염화불화탄소(CFC)의 사용을 엄격하게 제한하고 있어요.

수질 오염
독성이 강한 염소가 강이나 냇물에 녹아 들어가면 생태계에 좋지 않은 영향을 미칠 수 있어요.

염화불화탄소는 스프레이나 에어컨에 쓰여요.

미생물을 싹 없애 줘요.

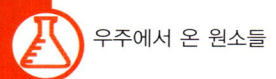
우주에서 온 원소들

부드럽게
말랑말랑하게
튼튼하게

원소를 새롭게

옛날 사람들은 주위에서 찾을 수 있는
물질을 이용하여 필요한 물건을 만들었어요.

하지만 이제는 우리에게 필요한 성질을 가진 물질을 만들 수 있답니다.
물이 새지 않거나 탄력이 있는 제품이 필요하다면 과학자들은
원소들을 바꾸거나 섞어서 새로운 성질을 가지는 물질을 만들어 내요.
이게 다 지금까지 수많은 과학자들이 원소들의 성질을
열심히 연구한 덕분이지요.

나노 과학 기술

나노미터는 10억 분의 1미터를 말해요.
나노미터의 세상에서는 원자나 분자가 어떻게 서로
결합되어 있는지 볼 수 있지요. 과학자들은
이 결합 상태를 바꿔서 전혀 새로운 성질을
가진 물질을 만들 수 있게 되었어요.

원소를 새롭게 만들어라!

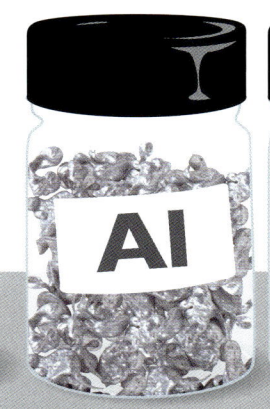

가볍게 값 싸게 친환경적으로 만들어라!

나노 과학 기술이 발달하면 슈퍼컴퓨터를 호주머니 속에 들어갈 만큼 작게 만들 수도 있어요.

훨씬 튼튼한 테니스 라켓
탄소 섬유는 매우 강하지만 탄성이 없어요. 하지만 나노 과학 기술로 플라스틱과 섞으면 테니스 라켓에 사용되는 강철보다 네 배나 강하면서도 탄성이 있는 물질을 만들 수 있어요.

햇빛을 막아 줘요.
티타늄화합물로 만든 자외선 차단 크림은 입자가 커서 햇빛을 반사했기 때문에 얼굴에 바르면 허옇게 칠한 것이 보였어요. 하지만 지금은 나노미터 기술로 입자를 작게 만들어서 햇빛을 반사하지 않기 때문에 크림을 발라도 잘 티가 나지 않아요.

형상 기억 합금
니켈과 티타늄으로 만든 고탄성 안경은 아무렇게나 구부리더라도 금방 원래의 모양으로 되돌아가요.

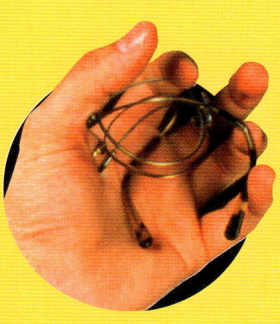

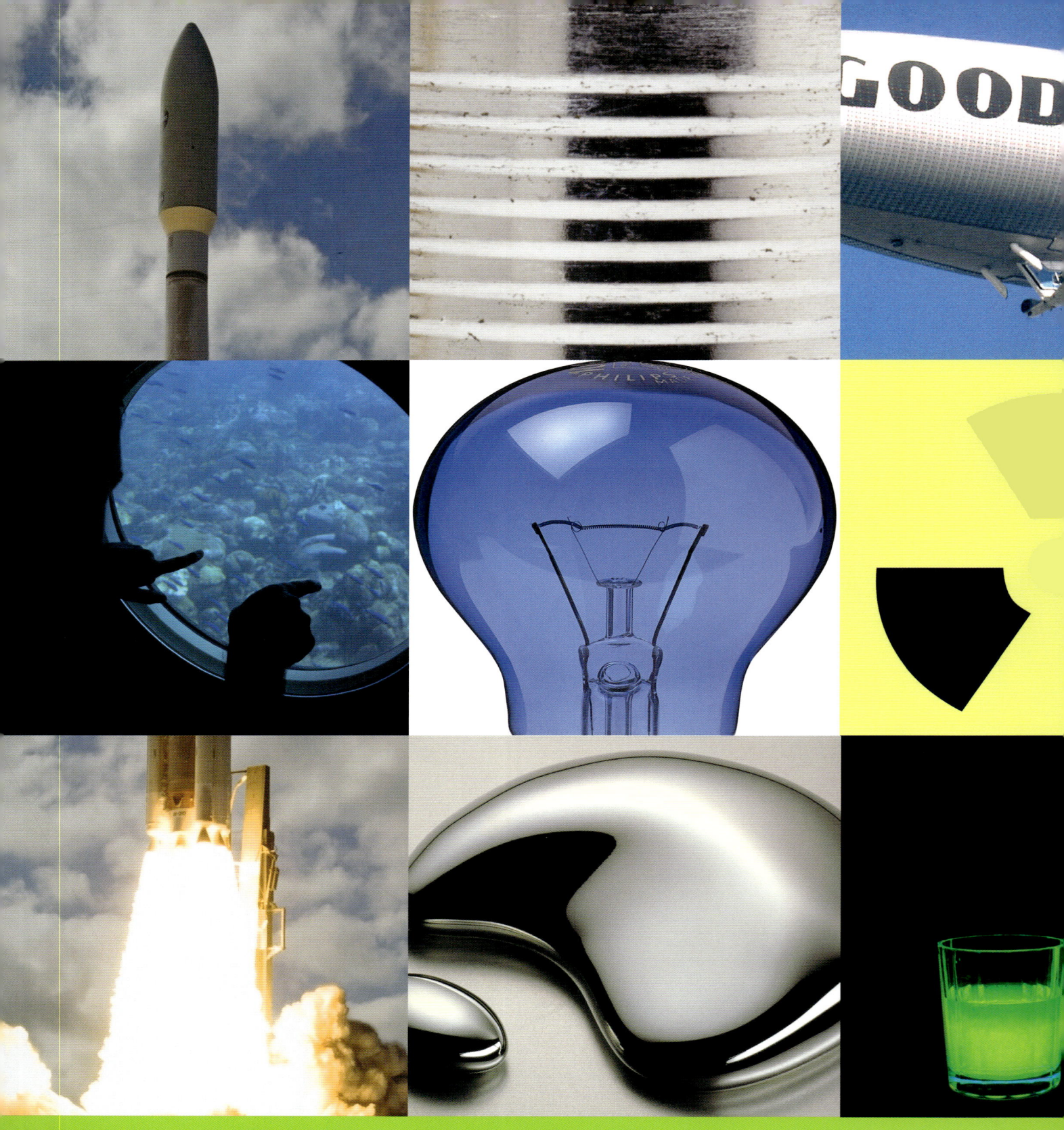

원소들의 이름에 담긴 이야기

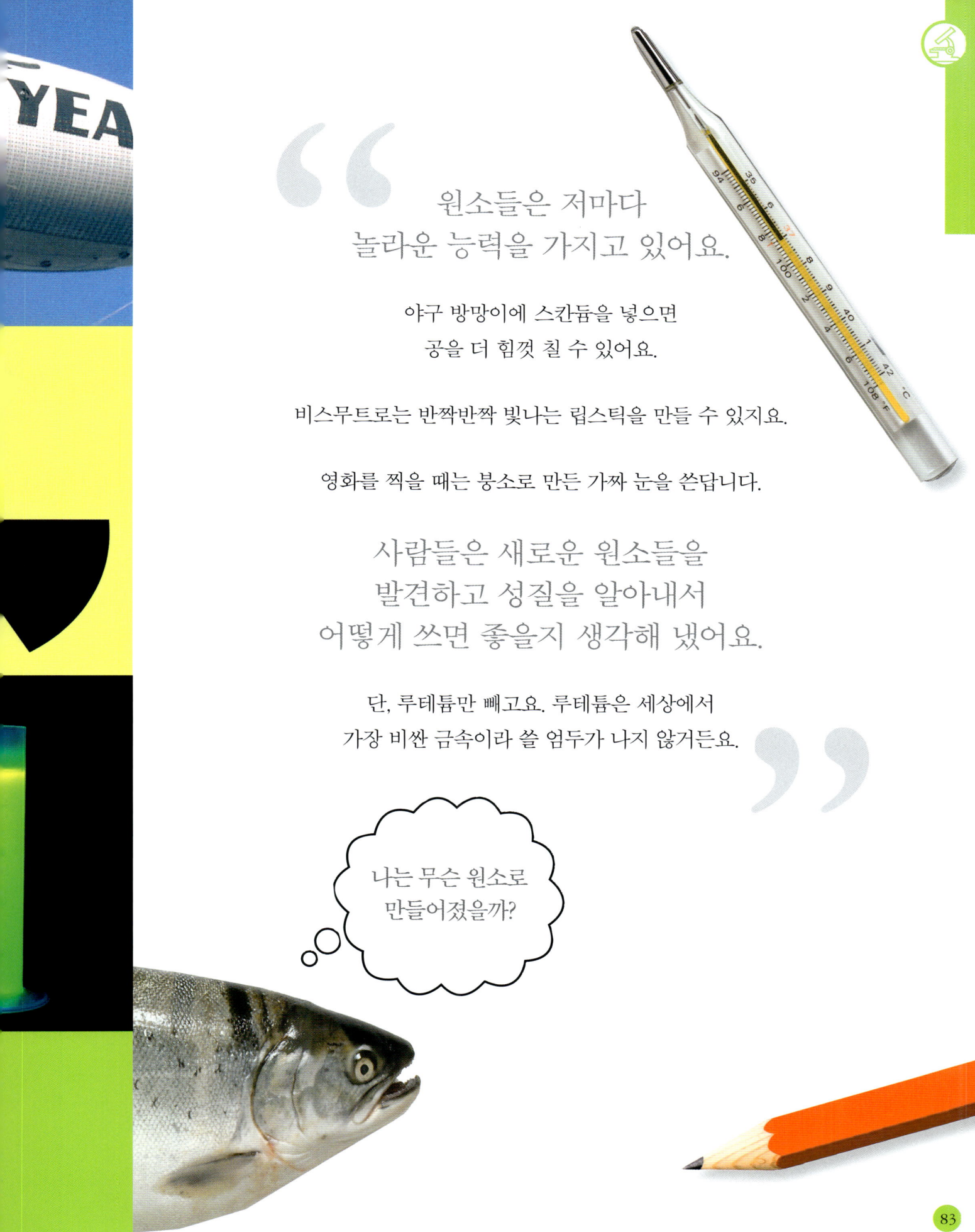

"
원소들은 저마다
놀라운 능력을 가지고 있어요.

야구 방망이에 스칸듐을 넣으면
공을 더 힘껏 칠 수 있어요.

비스무트로는 반짝반짝 빛나는 립스틱을 만들 수 있지요.

영화를 찍을 때는 붕소로 만든 가짜 눈을 쓴답니다.

사람들은 새로운 원소들을
발견하고 성질을 알아내서
어떻게 쓰면 좋을지 생각해 냈어요.

단, 루테튬만 빼고요. 루테튬은 세상에서
가장 비싼 금속이라 쓸 엄두가 나지 않거든요.
"

나는 무슨 원소로
만들어졌을까?

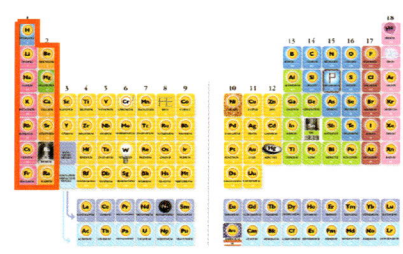

알칼리금속과

1족

수소를 제외한 1족의 원소들을 알칼리금속이라고 해요. 은백색을 띠는 이 원소들은 윤기가 흐르고 물러요. 다른 원소들을 만나면 금방 반응을 일으키지요.

수소 H

수소의 이름은 그리스 어로 '물을 만든다'라는 뜻을 갖고 있어요. 수소는 기체나 액체로도 쓰이지만, 우리는 주로 물에서 볼 수 있지요.

리튬 Li

리튬의 이름은 그리스 어로 '돌'을 뜻하는 말에서 나왔어요. 다른 알칼리금속들이 동물이나 식물에서 발견되는 데 비해, 리튬은 페탈라이트라고 하는 광물에서 처음 발견되었기 때문이지요. 리튬은 금속 가운데 가장 가볍기 때문에 비행기, 자전거 프레임, 고속 열차를 만드는 데 쓰여요. 또 리튬으로 만든 전지는 작고 가벼우면서도 많은 에너지를 내기 때문에 손목시계, 휴대용 계산기, 장난감, 휴대용 스테레오 등에 많이 이용되지요. 에어컨이나 텔레비전 유리관처럼 갑작스러운 온도 변화를 견뎌야 하는 곳에도 리튬이 쓰여요.

나트륨 Na

나트륨의 이름은 라틴 어로 '소다'를 의미해요. 나트륨은 무른 편이어서 칼로 쉽게 자를 수 있어요. 우리는 주로 소금(염화나트륨)의 형태로 음식에 넣어서 먹거나 식기를 씻는 세제로 이용하지요.

칼륨 K

칼륨은 식물에게 꼭 필요한 원소예요. 칼륨의 농도에 따라 잎에 있는 기공이 열리고 닫히는 정도가 달라서 수분을 조절할 수 있거든요. 오늘날에도 칼륨은 비료로 널리 쓰이고 있지요. 칼륨은 우리 몸속에서 신경을 자극하고 전달하는 과정에 쓰여요. 칼륨을 유리에 넣으면 단단하고 흠이 잘 나지 않는 텔레비전 화면을 만들 수 있어요. 또 칼륨은 액체 비누나 세제, 의약품을 만드는 데도 이용되지요. 과산화칼륨은 산소가 들어 있어서 광산, 잠수함, 우주선 등에서 사용돼요. 가뭄이 심한 지역에서는 비행기로 염화칼륨을 뿌려서 구름이 습기를 빨아들여 비가 내리게 도와준답니다.

루비듐 Rb

루비듐은 라틴 어로 '짙은 붉은색'이라는 뜻을 갖고 있어요. 루비듐을 태우면 새빨간 불꽃이 일어나거든요. 루비듐은 구하기 쉽지 않고 값이 비싼 편이라 널리 사용되지는 않아요. 대부분 실험실에서 연구용으로 쓰이고, 광전지나 정확한 시간을 알려 주는 원자시계를 만드는 데 쓰이지요.

세슘 Cs

세슘의 이름은 라틴 어로 '하늘색'이라는 뜻을 가지고 있어요. 세슘의 불꽃색이 하늘색을 띠고 있거든요. 세슘은 물이나 산소를 만나면 폭발적으로 반응해요. 습기가 많은 곳에서는 스스로 불이 붙어 버릴 정도이기 때문에, 전자관 안의 공기를 없애고 진공 상태로 만들 때 세슘을 쓰지요. 또 세슘은 렌즈나 프리즘 등의 광학 기계에 쓰이는 유리를 만드는 데도 사용돼요. 다른 유리도 액체 세슘화합물에 담그면 더욱 단단하게 만들 수 있지요. 세슘이 요오드나 불소와 결합되면 엑스선을 흡수한 다음 다시 그 빛을 내보내요. 그래서 병원에서 방사선 모니터링을 할 때 사용해요. 세슘 원자에 전기를 흘려보내면 1초에 약 90억 회씩 진동해요. 세슘 원자로 만든 원자시계는 100만 년에 1초 정도의 차이밖에 나지 않고, 수십 억 분의 1초까지 측정할 수 있지요. 그래서 인공위성, 휴대전화, 텔레비전 방송 등에서 세슘 원자시계를 기준으로 시간을 맞추어요.

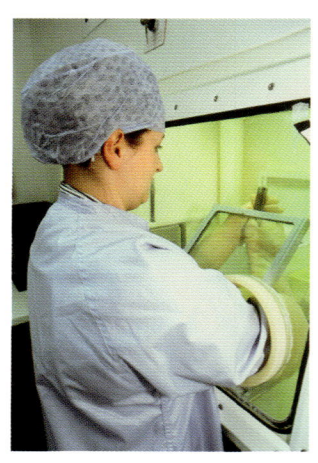

프랑슘 Fr

프랑스의 이름을 딴 프랑슘은 방사성이 아주 강한 원소예요. 프랑스의 여자 과학자 페레가 발견했으며 반감기(방사성 원소의 수가 원래의 반으로 줄어드는 데 걸리는 시간)가 22분밖에 걸리지 않아요. 금방 라듐이 되어 버리기 때문에 자연 상태로는 거의 발견되지 않지요.

알칼리토금속

2족

토금속이라는 말은 중세 연금술사들이 물에 녹지 않고 가열해도 변하지 않는 물질에 붙인 거예요. 은백색을 띤 이 원소들은 반응성이 좋아서 주로 화합물의 형태로 발견돼요.

베릴륨 Be

베릴륨의 이름은 라틴 어로 '녹주석'이라는 뜻이에요. 베릴륨이 녹주석이나 에메랄드에 들어 있기 때문이지요. 베릴륨은 가볍고 모양이 단순해요. 구리와 니켈을 넣은 베릴륨 합금은 전기와 열이 더 잘 통하고, 탄성이 증가하여 스프링을 만들기 딱 좋아요. 뿐만 아니라 우주선을 만드는 재료로도 주목받고 있지요. 하지만 베릴륨 합금이나 화합물은 독성이 강하기 때문에 피부에 직접 닿거나 코로 들이마시면 위험해요.

마그네슘 Mg

마그네슘의 이름은 그리스의 도시인 '마그네시아'에서 따왔어요. 마그네슘은 녹색식물에게 꼭 필요한 원소예요. 엽록소를 통해 태양 에너지를 식물이 쓸 수 있는 화학 에너지로 바꾸는 것을 돕기 때문이지요. 마그네슘이 부족하면 식물은 잎이 누렇게 되다가 죽고 말아요. 마그네슘은 우리 몸에서 단백질을 만들고, 근육을 이완시키는 일 등을 맡고 있어요. 마그네슘이 부족하면 머리가 어지럽고 얼굴에 경련이 일어날 수 있지요. 마그네슘은 불이 잘 붙지 않기 때문에 단열재로도 많이 쓰여요. 마그네슘 금속에 알루미늄, 아연, 망간을 섞으면 가벼우면서도 튼튼하고, 오래가요. 게다가 용접하기도 쉽기 때문에 비행기나 자동차의 몸체로도 많이 쓰이지요. 경주용 자전거의 몸체를 마그네슘으로 만들면 훨씬 무게가 가벼워서 더 빠른 속력을 낼 수 있답니다. 이렇게 이모저모 쓰임새가 많은 마그네슘은 주로 바닷가에 있는 광물에서 얻어요. 마그네슘을 재활용하면 새로운 마그네슘을 추출하는 데 필요한 에너지의 95퍼센트를 절약할 수 있답니다.

칼슘 Ca

칼슘의 이름은 라틴 어로 '석회'를 의미해요. 예부터 사람들이 구하기 쉬운 석회(산화칼슘)로 회반죽을 만들어 집을 지을 때 썼기 때문이지요. 칼슘은 지구에서 가장 풍부한 금속들 가운데 하나예요. 칼슘은 반응성이 커서 주로 다른 물질과 결합된 화합물의 형태로 존재해요. 그 가운데에서도 석회석은 시멘트와 비료를 만드는 데 주로 쓰이지요. 정수장에서는 석회를 넣어 지저분한 찌꺼기들을 가라앉혀서 물을 깨끗이 만들어요. 미술 시간에 조각이나 점토를 만드는 데 사용하는 석고에도 칼슘이 들어 있지요. 석회 막대에 수소와 산소를 대면 아주 강한 빛이 생겨요. 그래서 전기가 없던 시절에는 등대의 불빛이나 극장의 조명으로 석회광을 썼답니다.

스트론튬 Sr

스트론튬은 이름처럼 스코틀랜드에 있는 스트론티아 광산에서 처음 발견되었어요. 깊은 바닷속 생물의 껍데기나 산호에서 주로 발견돼요. 바다 생물들이 사는 데 꼭 필요하기 때문에 수족관에 물을 넣을 때 꼭 스트론튬을 넣지요. 스트론튬을 태우면 붉은색 불꽃이 일어나기 때문에 폭죽이나 비상등에도 쓰인답니다.

바륨 Ba

바륨의 이름은 그리스 어로 '무겁다'는 뜻이에요. 바륨이 들어 있던 황화바륨 광물이 다른 광물보다 무거웠기 때문이지요. 병원에서 엑스선으로 위와 장을 관찰할 때 환자들은 먼저 바륨이 든 약을 먹어요. 바륨이 엑스선을 잘 흡수하기 때문에 위와 장이 잘 보여서 어디가 안 좋은지 확인하기가 쉬워지지요. 바륨은 또 사진 인화지를 코팅할 때도 사용된답니다.

라듐 Ra

라듐은 라틴 어로 '방사선'을 의미해요. 퀴리 부부가 처음으로 우라늄 광석에서 라듐을 발견했을 때, 방사성이 아주 강하다는 뜻으로 붙인 이름이지요. 라듐은 반감기가 약 1600년이기 때문에 자연 상태에서도 발견할 수 있어요. 일본에서는 라듐 온천이 피로를 푸는 데 아주 좋다고들 해요. 하지만 라듐에는 독성이 있으니 조심하세요. 1900년대 초에 시계 공장에서 일하던 소녀들은 라듐에 독성이 있다는 것을 모른 채, 붓을 핥아 가며 시계 바늘에 라듐 칠을 하다가 방사능증을 앓았답니다.

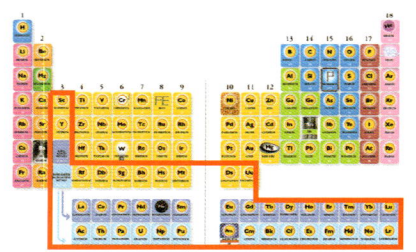

란탄족과

3족

희토류 원소들은 구하기가 힘들어요. 자연 상태에서 희토류 원소끼리 서로 섞여 있는데 성질이 비슷해서 따로 분리하기가 까다롭거든요.

란탄족

희토류 원소들이며, 대부분 란탄과 비슷한 성질을 띠고 있어요. 스웨덴의 이테르비 지역에 많이 있어요.

스칸듐 Sc

스칸듐은 스웨덴의 학자 닐손이 발견하여, 스웨덴이 있는 스칸디나비아 반도의 이름을 따서 붙였어요. 값비싼 원소인 스칸듐을 야구 방망이에 넣으면 공을 훨씬 세게 칠 수 있어요.

이트륨 Y

1787년에 스웨덴의 이테르비라는 지역에서 이트륨을 비롯한 세 가지 원소가 발견되었어요. 이트륨은 텔레비전 화면에서 붉은 점을 만드는 데 사용되지요.

란탄 La

란탄은 그리스 어로 '숨어 있다'라는 뜻이에요. 란탄이 세륨화합물에 숨어 있던 것을 발견했거든요. 란탄은 조명과 유리를 만드는 데 주로 쓰여요.

세륨 Ce

세륨이 발견되기 2년 전 소행성 세레스가 발견되었는데, 그 이름을 따서 붙였어요. 로켓 엔진처럼 높은 온도에서 움직이는 기계에 쓰여요.

프라세오디뮴 Pr

은백색의 금속이지만 녹색의 화합물에서 처음 발견되었어요. 프라세오디뮴을 유리에 입히면 햇빛을 가리기 때문에 고글이나, 차광 유리를 만드는 데 쓰여요.

네오디뮴 Nd

프라세오디뮴과 함께 발견되었으며 '새롭다'라는 뜻의 그리스 어에서 따왔어요. 네오디뮴으로는 아주 센 영구자석을 만들 수 있어요.

프로메튬 Pm

그리스 신화에서 신들로부터 불을 훔쳐 인간에게 준 프로메테우스의 이름을 땄어요.

사마륨 Sm

사마륨은 사마스카이트라는 광물에서 추출되었기 때문에 그 이름을 땄어요. 코발트와 결합해서 영구자석을 만드는 데 쓰여요.

유로퓸 Eu

유럽의 이름을 딴 유로퓸은 밝은 붉은색을 띠어요. 텔레비전 브라운관과 형광등을 만드는 데 쓰이지요.

가돌리늄 Gd

가돌리늄은 최초로 희토류 광물들을 연구한 스웨덴의 과학자 요한 가돌린의 이름을 땄어요. 가돌리늄이 내뿜는 자성은 몸을 통과할 수 있기 때문에 의학 진료에 쓰이는 자기 공명 영상 장치에 사용돼요.

테르븀 Tb

이트륨과 에르븀처럼 처음 발견된 곳인 스웨덴의 이테르비 지역의 이름을 땄어요. 엑스선 영상 스크린과 형광등에 쓰여요.

디스프로슘 Dy

디스프로슘의 이름은 그리스 어로 '구하기 힘들다'라는 뜻을 가지고 있어요. 이름처럼 분리하기가 어렵지요.

홀뮴 Ho

홀뮴은 처음 발견한 학자의 고향인 스톡홀름에서 따온 말이에요. 강한 자성을 띠고 있으며 레이저 수술을 할 때 쓰이지요.

에르븀 Er

에르븀 역시 스웨덴의 이테르비에서 이름을 따왔어요. 에르븀은 적외선을 흡수하기 때문에 용접공이나 유리장이들이 쓰는 고글을 만드는 데 쓰여요. 에르븀화합물은 분홍색을 띠기 때문에 유리나 도자기 색을 입히는 데도 쓰이지요.

툴륨 Tm

툴륨은 스칸디나비아의 옛 이름인 '툴'에서 따왔어요. 툴륨은 구하기 힘들고 값이 비싸기 때문에 잘 쓰이지 않는 원소예요.

이테르븀 Yb

이테르븀 역시 스웨덴의 이테르비에서 이름을 땄어요. 엑스선 기구를 만들 때 쓰이지요.

루테튬 Lu

루테튬은 프랑스의 화학자가 발견하였는데 라틴 어로 '파리'를 뜻해요. 값이 무척 비싸기 때문에 실험용으로 주로 이용해요.

악티늄족 원소

악티늄족
란탄족과 비슷하고, 대부분 원자로 안에서 만들어져요.

악티늄 Ac
악티늄은 그리스 어로 '광선'을 뜻해요. 방사성이 아주 강해서 어둠 속에서도 빛을 내지요.

토륨 Th
북유럽 신화에 나오는 천둥의 신 '토르'의 이름을 땄어요. 토륨은 주로 핵물리학을 연구할 때 쓰여요.

프로트악티늄 Pa
프로트악티늄은 이름 그대로 붕괴하면 악티늄이 돼요. 방사선이 강해서 아주 위험한 원소예요.

우라늄 U
우라늄은 그리스 신화에 나오는 하늘의 신이자 천왕성을 가리키는 '우라노스'에서 따온 이름이에요. 원자력 발전소에서 전기 에너지를 만드는 데 사용되지요.

넵투늄 Np
넵투늄은 로마 신화에 나오는 바다의 신이자 해왕성인 '넵투누스'의 이름을 땄어요. 원자로의 다 쓴 연료봉에서 발견되는데, 방사성이 약한 편이에요.

플루토늄 Pu
플루토늄은 우라늄과, 넵튠에 이어 발견되어 명왕성인 '플루톤'의 이름을 땄어요. 핵에너지와 원자폭탄의 연료로 쓰이며, 1971년에는 아폴로 14호와 보이저 1, 2호의 연료로도 사용되었어요.

아메리슘 Am
미국에서 발견되었기 때문에 '아메리카'에서 이름을 땄어요. 아메리슘은 주로 연기가 새는 것을 감지하는 기계에 쓰여요.

퀴륨 Cm
퀴륨은 퀴리 부부를 기념해서 붙인 이름이에요. 퀴륨은 플루토늄에서 만들어지며 심장 박동 조절기, 우주선의 연료 등에 사용돼요.

버클륨 Bk
버클륨은 우라늄이나 아메리슘 원자를 충돌시켜서 얻어요. 맨 처음 발견된 캘리포니아 대학이 있는 버클리에서 이름을 땄지요.

칼리포르늄 Cf
칼리포르늄 역시 맨 처음 만들어진 버클리 캘리포니아 대학의 이름을 땄어요. 퀴륨이나 플루토늄, 우라늄 등에서 만들어지는 칼리포르늄은 1년에 겨우 몇 밀리그램만 나오는데, 아직 성질이 제대로 밝혀지지 않았어요.

아인시타이늄 Es
물리학자 알베르트 아인슈타인의 이름을 딴 원소로 구하기가 매우 힘들어요.

페르뮴 Fm
핵물리학자인 엔리코 페르미의 이름을 땄어요. 수백만 분의 1그램밖에 만들어지지 않아요.

트랜스페르뮴 원소
원자 번호 101번부터 109번까지의 원소들은 반감기가 짧아서 금방 다른 원소로 바뀌기 때문에 몇 분의 1초 동안밖에 볼 수 없어요.

멘델레븀 Md
주기율표를 처음 만든 드미트리 멘델레예프의 이름을 땄어요.

노벨륨 No
다이너마이트를 발명한 앨프레드 노벨의 이름을 땄어요.

로렌슘 Lr
방사성 원소들을 분리해 내는 입자 가속기를 발명한 어니스트 로렌스의 이름을 따서 지은 이름이에요.

러더포듐 Rf
맨 처음 원자의 구조를 설명하려고 노력했던 과학자 중 한 사람인 어니스트 러더퍼드의 이름을 땄어요.

더브늄 Db
더브늄이 맨 처음 만들어진 러시아의 도시 더브나의 이름을 땄어요.

시보르기움 Sg
미국의 핵물리학자 글렌 시보그의 이름을 땄어요.

보륨 Bh
원자의 구조를 맨 처음 정확하게 설명한 물리학자 닐스 보어의 이름을 땄어요.

하슘 Hs
독일 헤센 주에 있는 연구원들이 만든 원소로, 헤센 주의 이름을 땄어요.

마이트너륨 Mt
방사성 원소가 붕괴하면서 에너지를 내보낸다고 주장한 오스트레일리아의 물리학자 리제 마이트너의 이름을 땄어요.

다름슈타튬 Ds
맨 처음 이 원소가 만들어진 독일의 다름슈타트 지역의 이름을 땄어요.

뢴트게늄 Rg
2004년에 111번 째로 발견된 뢴트게늄은 과학자 뢴트겐의 이름을 땄어요. 112번에 위치할 원소는 아직 발견되지 않았지만 주기율표로 어떤 성질을 가지고 있을지 예측해 볼 수는 있어요.

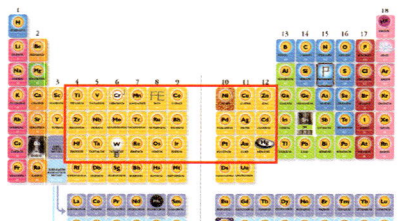

전이원소

4족 ~ 12족

전이원소는 매우 단단한 금속들이에요. 녹는점과 끓는점이 높으며 전기가 잘 통하지요.

티타늄 Ti

'티탄'이라고도 불리는 티타늄은 윤이 나는 흰색 금속이에요. 그리스 신화에 나오는 거인 족 '티탄'의 이름을 따서 지었어요. 티타늄은 가벼우면서도 강철보다 단단하기 때문에 비행기 엔진의 터빈이나 배 등을 만드는 데 사용해요.

아연 Zr

아연은 페르시아 어로 '금색'을 뜻해요. 아연이 금색 결정을 만들기 때문이지요. 아연은 습기에 닿으면 표면에 얇은 막을 만들어 안쪽을 보호하기 때문에 칼이나 가윗날 등에 입혀요.

하프늄 Hf

하프늄은 라틴 어로 '코펜하겐'을 뜻해요. 녹는점이 매우 높고 잘 상하지 않아요. 전구의 필라멘트나 원자로, 잠수함을 만들 때 사용되지요.

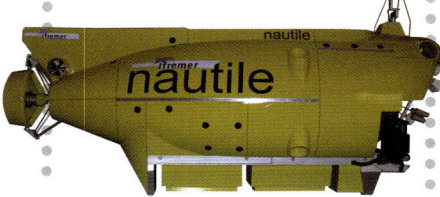

바나듐 V

바나듐은 북유럽 신화에 나오는 미의 여신 '바나디스'의 이름을 땄어요. 은색 금속으로 강철을 단단하게 만들 때 사용되지요. 포드에서 자동차를 맨 처음 만들었을 때, 바나듐이 첨가된 강철을 썼어요.

니오븀 Nb

니오븀은 그리스 신화에 나오는 탄탈로스 왕의 딸 '니오베'의 이름을 땄어요. 니오븀은 탄탈과 비슷한 성질을 가지고 있거든요. 은색 금속인 니오븀은 잘 상하지 않기 때문에 파이프, 항공기, 귀금속 등을 만들 때 쓰여요.

탄탈 Ta

과학자들은 이 원소를 분리하는 데 많은 어려움을 겪었어요. 그래서 그리스 신화 중 지옥에서 괴롭힘을 겪는 신 탄탈로스의 이름을 땄지요. 탄탈은 미사일과 항공기를 만드는 데 쓰여요.

크롬 Cr

크롬은 그리스 어로 '색'을 뜻해요. 크롬화합물의 색깔이 무척이나 화려하거든요. 크롬을 강철 위에 입히면 물이 새지 않고, 녹이 잘 슬지 않아요.

몰리브덴 Mo

몰리브덴은 한때 납인 줄 잘못 알았어요. 그래서 이름도 그리스 어로 '납'을 뜻하지요. 몰리브덴은 윤활제로 사용되거나 강철 합금으로 차, 항공기, 로켓 엔진 등을 만드는 데 쓰여요.

텅스텐 W

텅스텐은 스웨덴 어로 '무거운 돌'을 뜻해요. 주석 광산에서 일하던 광부들은 주석에 텅스텐이 섞이면 주석을 못 쓰게 되어 텅스텐을 '욕심쟁이 늑대'라고 불렀지요. 텅스텐은 금속 가운데 녹는점이 가장 높기 때문에 전구의 필라멘트를 만들 때 주로 사용돼요. 다른 금속과 섞으면 더 단단해지기 때문에 합금으로 많이 쓰여요.

망간 Mn

망간이 들어 있는 광물 자철석(마그네타이트)의 이름을 땄어요. 망간을 강철에 넣으면 더 단단해지고, 전기도 더 잘 통해요. 이렇게 만든 철로 헬멧, 감옥 창살 등 여러 가지를 만들지요. 오늘날에는 바다 밑바닥에 쌓여 있는 망간 단괴를 찾으려고 4000미터 아래까지 탐사를 벌인답니다.

테크네튬 Tc

테크네튬은 최초로 사람들이 만든 원소예요. 그래서 이름도 '인공'을 뜻하는 그리스 어에서 나왔지요. 지구가 만들어질 때부터 테크네튬이 있긴 했지만, 지금은 주로 원자로 연료봉에서 얻어요. 테크네튬은 방사성이 아주 강해서 병원에서 암 등을 검사할 때 사용돼요.

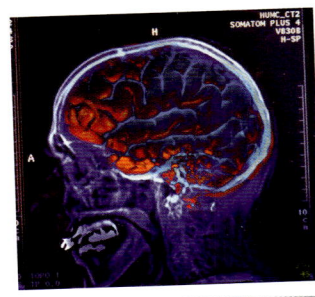

레늄 Re

레늄은 독일 화학자가 발견해서 라틴 어로 '라인 강'을 뜻해요. 레늄은 광물 속에 아주 조금씩만 들어 있어서 구하기가 어려운 편이에요. 텅스텐 다음으로 녹는점이 높고 단단하기 때문에 온도가 2000도 이상되는 오븐이나 전구의 필라멘트로 사용돼요.

철 — Fe
철은 쉽게 녹이 슬지만 탄소를 약간만 섞어 주면 아주 튼튼한 강철이 돼요. 강철은 종류가 다양한 만큼 쓰이는 곳도 아주 다양해요. 건물의 뼈대를 만들 때도 쓰이고, 예쁜 귀고리를 만들 때도 쓰이지요. 우리 몸 곳곳으로 산소를 나르는 것도 바로 철이에요.

루테늄 — Ru
루테늄은 러시아의 화학자가 발견해서 라틴 어로 '러시아'를 뜻해요. 루테늄은 백금과 팔라듐을 섞어서 전기 접속부로 사용되는데, 아주 아주 구하기 힘든 원소예요.

오스뮴 — Os
오스뮴은 그리스 어로 '냄새'를 뜻해요. 오스뮴으로 만든 금속 표면에서는 지독한 냄새가 나거든요. 오스뮴은 원소들 가운데 밀도가 가장 높으며 금만큼 귀해요. 예전에는 펜촉과 시계를 만들 때 사용되었어요. 지금은 손가락에 묻은 아주 적은 양의 기름을 찾아내서 누구의 지문인지 알아내는 데에 쓰여요.

코발트 — Co
코발트는 독일어로 '도깨비'를 뜻해요. 광부들이 코발트에 도깨비가 붙어 있어서 다루기 어렵다고 생각했거든요. 코발트는 자석을 만드는 데도 쓰이고, 짙은 푸른색 물감을 만드는 데도 쓰여요. 코발트 잉크로 쓴 글씨는 불에 비추었을 때에만 볼 수 있답니다.

로듐 — Rh
로듐은 그리스 어로 '장밋빛'을 뜻해요. 방사성 금속을 뺀 원소 가운데 지구에서 가장 희귀한 원소예요. 빛을 아주 잘 반사하기 때문에 거울이나 자동차 조명을 코팅할 때 많이 쓰여요.

이리듐 — Ir
이리듐은 그리스 신화에 나오는 무지개의 여신 '이리스'의 이름을 땄어요. 이리듐 염이 여러 가지 색깔을 띠기 때문이지요. 이리듐은 잘 상하지 않아서 깊은 바다에 설치하는 파이프나 스파크 플러그의 접속부에 사용돼요.

니켈 — Ni
니켈은 독일어로 '장난꾸러기'를 뜻해요. 독일 구리 광산에서 일하던 광부들이 붉은 갈색을 띠는 니켈 원석을 발견했는데 유리에 녹색 물을 들일 때 밖에는 쓸 데가 없다고 생각했기 때문이지요. 니켈은 높은 온도에서도 상하지 않기 때문에 로켓 엔진의 터빈을 만드는 데 사용돼요.

팔라듐 — Pd
팔라듐은 그리스 신화에 나오는 지혜의 여신 '팔라스'의 이름을 땄어요. 수소 가스는 팔라듐을 통과하기 때문에 연료에서 탄화수소를 제거하는 데 사용돼요.

백금 — Pt
백금은 한자로 '하얀 금'이라는 뜻이에요. 금만큼 귀하고 빛깔이 아름다워서 귀금속을 만들 때도 많이 쓰이지요. 백금은 전기 접촉부에 많이 쓰이기 때문에 의외로 우리가 일상생활에서 쓰는 물건에서 많이 찾아볼 수 있어요. 열에 강해서 컴퓨터에서 정보를 저장하는 하드디스크에도 백금이 들어 있어요.

구리 — Cu
구리는 라틴 어로 '사이프러스'라는 뜻이에요. 예전에 사이프러스 섬에서 구리가 많이 났기 때문에 붙은 이름이지요. 문어, 달팽이, 거미는 피가 푸른색인데, 푸른색을 띠는 구리가 산소를 운반해 주기 때문이에요. 사람들은 기원전 3000년부터 구리, 주석, 청동을 섞어 장신구 등을 만들기 시작했고, 지금도 동전을 만들 때 구리를 넣어요. 구리는 열과 전기를 잘 전달하기 때문에 전선을 만들 때도 많이 쓰인답니다.

은 — Ag
은의 원소 기호 'Ag'는 라틴 어로 '아르헨티나'를 뜻해요. 아르헨티나에 은이 많이 있을 거라고 기대하며 붙인 이름이지요. 은은 전기가 아주 잘 통하고, 빛을 잘 반사해서 쓰임새가 아주 많아요.

금 — Au
금의 원소 기호는 '아침의 빛'을 뜻하는 라틴 어에서 왔어요. 잘 녹슬지 않고 번쩍번쩍 빛을 내기 때문에 주로 귀금속으로 쓰여요. 금은 전기가 아주 잘 통하기 때문에 컴퓨터 안에 다른 기계를 끼워 넣는 곳에 금을 입힌답니다.

아연 — Zn
아연은 구리와 결합하여 놋쇠를 만들고 다른 금속의 표면을 덮어 부식을 방지하는 역할을 해요. 아연화합물은 고무, 플라스틱, 엑스선 스크린, 텔레비전, 형광등 등을 만드는 데 쓰이고, 비바람에 잘 견디기 때문에 특히 프랑스에서는 지붕을 만드는 데 많이 쓰여요.

카드뮴 — Cd
카드뮴은 라틴 어로 '칼라민'이라는 뜻이에요. 카드뮴을 칼라민 광석에서 주로 얻었기 때문이지요. 페인트와 나사를 만드는 데 사용되었지만 독성이 있다는 사실이 밝혀진 후로는 주로 건전지에만 쓰여요.

수은 — Hg
수은은 로마 신화에 나오는 신들의 사자인 '메르쿠리우스'에서 이름을 땄어요. 원소 기호는 '액체 은'이라는 뜻의 라틴 어에서 나왔지요. 수은은 독성이 강하기 때문에 지금은 별로 사용되지 않아요.

전이후금속과 비금속

13족

붕소족이라고도 하며 다른 물질과 잘 반응해요.

붕소 B

붕소는 '붕사'라는 뜻의 아랍 어에서 나왔어요. 붕소를 주로 붕산나트륨인 붕사의 형태로 많이 썼기 때문이지요. 검은 가루인 붕소를 유리나 도자기를 만들 때 넣으면 더욱 단단하고 열에 강하게 해 줘요. 붕소는 영화에서 가짜 눈을 만들 때도 쓰여요. 붕소화합물 가운데 많이 쓰이는 것이 수소, 산소와 결합한 붕산이에요. 붕산은 피부에 상처가 났거나 뜨거운 것에 뎄을 때 소독제로 쓰여요. 안약에도 붕산이 쓰이며, 가죽을 부드럽게 만들 때도 쓰이지요. 이 밖에도 붕소화합물은 비누, 살충제, 비료, 화장품 등을 만들 때 쓰인답니다.

알루미늄 Al

알루미늄은 '알룸 광물'을 뜻하는 라틴 어에서 나왔어요. 알루미늄은 가볍고 단단해요. 잘 부식되지 않아서 재활용하기도 편하지요. 알루미늄은 수백 가지의 쓰임새가 있어요. 창틀, 문손잡이, 파이프, 배, 자동차, 엔진을 만들 때도 쓰이고 포일이나 캔처럼 음식을 포장할 때도 쓰여요. 전기가 잘 통하고 빛과 열을 잘 반사하기 때문에 전선, 단열재, 열반사재, 태양 거울 등으로도 사용되지요. 황산알루미늄칼륨은 의약품, 직물, 페인트 등을 만드는 데 쓰이고, 염화알루미늄은 피부의 땀구멍을 수축시켜서 땀을 덜 나게 하거나 냄새를 덜 나게 해 주는 데 쓰인답니다.

갈륨 Ga

갈륨은 프랑스를 뜻하는 라틴 어 '갈리아'에서 이름을 땄어요. 연한 은색 금속으로, 알루미늄과 비슷한 성질을 가졌어요. 전자제품이나 시계 불빛을 만드는 데 많이 쓰이지요. 고온에서 전기가 통하는 반도체이기 때문에 슈퍼컴퓨터나 휴대폰을 만들 때도 쓰여요.

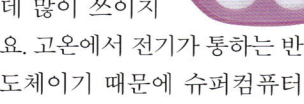

인듐 In

인듐은 라틴 어로 '남색'을 뜻해요. 납보다 연해서 손톱으로도 긁히고 어떤 형태로도 만들 수 있지요. 인듐은 은색을 띠며 구부리면 높고 날카로운 소리가 나요. 녹으면 유리 등에 착 달라붙는 성질이 있기 때문에 유리나 도자기, 금속 등을 용접할 때도 쓰이고, 트랜지스터를 비롯한 여러 부품을 납땜할 때도 쓰여요. 인듐을 녹인 다음 원자로 안에 입혀서 중성자를 재는 데도 쓰이지요.

탈륨 Tl

탈륨은 그리스 어로 '녹색 식물'을 뜻해요. 회색을 띠는 탈륨은 연하고 잘 부식돼요. 습한 공기나 피부에 닿으면 탈륨 금속은 금방 독성이 강한 탈륨화합물로 바뀌어요. 그래서 예전에는 털 제거제나 쥐약으로 쓰였지만 요즘은 굴절 렌즈용 유리나 적외선 감지기를 만드는 데 정도만 사용돼요.

14족

탄소족에는 금속과 비금속이 섞여 있어요.

탄소 C

탄소는 라틴 어로 '목탄'을 뜻해요. 탄소는 지구 표면에서 많이 볼 수 있는 원소예요. 지구에 탄소가 아주 풍부한 건 아니지만, 탄소로 만들어진 화합물은 다른 모든 원소들로 된 화합물의 수보다도 많아요. 다이아몬드, 흑연, 카본 블랙, 코크스, 목탄 등 탄소화합물의 쓰임새도 아주 다양해요. 탄소 섬유는 강철보다 강하기 때문에 운동 기구의 탄성을 증가시키는데 사용되고, 독성 가스를 흡수하기 때문에 보호복에도 쓰인답니다.

규소(실리콘) Si

규소는 라틴 어로 불을 붙일 때 썼던 '부싯돌'을 뜻해요. 규소는 땅 표면에서 산소 다음으로 가장 많이 있는데, 모래, 유리, 반도체 칩, 수정 등에 들어 있어요. 규소는 다른 원소들과 잘 반응하지 않기 때문에 방수제나 광택제, 윤활제 등으로도 쓰여요.

게르마늄 Ge

게르마늄은 독일의 화학자가 발견했기 때문에 '독일'을 뜻하는 라틴 어로 이름 붙여졌어요. 게르마늄은 은색의 반금속으로 부스러지기 쉬워요. 반도체의 하나로 맨 처음 라디오 트랜지스터를 만들 때 쓰였던 원소이기도 해요. 지금은 전자제품에 많이 사용하지 않지만, 광각 카메라 렌즈와 적외선 감지기를 만들 때 쓰여요.

주석 Sn

주석은 아주 물러서 가공하기 쉬운 금속이에요. 메소포타미아 문명 때부터 사용된 주석은 구리와 섞어서 청동을 만드는 데 많이 쓰였어요. 주석은 공기 중이나 물속에서 잘 부식되지 않고 우리 몸에도 해롭지 않아요. 오늘날에는 강철에 도금을 하거나 땜납을 만들 때 많이 쓰이지요. 또 식료품을 가공하는 기계를 만들거나 은과 구리를 섞어 치과 아말감을 만들 때도 쓰여요. 또 백랍이나, 종, 베어링을 만들 때도 쓰인답니다.

납 (Pb)

납은 로마 시대부터 널리 쓰였어요. 무게를 잴 때 납으로 만든 추를 썼기 때문이지요. 납은 광택이 없는 회색으로, 물러서 가공하기 쉬워요. 납은 산소와 만나면 짙은 회색 막을 만드는데, 이 막은 납이 부식되지 않도록 막아 주어요. 이 성질을 이용해서 지붕 덮개나 땅속이나 물속을 지나는 전선의 피복 등을 만들 때 쓰이지요. 예전에는 납으로 수도관을 만들고, 페인트나, 휘발유에도 넣었지만 독성이 있는 것이 알려지고 나서는 쓰지 않아요. 납은 방사능 물질이 새지 않도록 보관하는 용기를 만들 때도 쓰이지요.

15족

질소족 원소들은 물리적 형태는 다양하지만 화학적인 성질은 많이 비슷해요.

질소 (N)

질소화합물은 우리가 먹는 음식, 옷, 자동차, 집, 약품 등 일상생활에서 아주 많이 쓰여요. 바닷속을 오르내리는 스킨스쿠버나 해녀들이 앓는 잠수병은 몸속에 녹아 있던 질소 가스가 갑자기 공기 방울을 만들며 빠져나오기 때문에 생기는 거예요.

인 (P)

인은 그리스 어로 '빛의 제공자'라는 뜻을 갖고 있어요. 인이 공기 중에서 갑자기 타오르며 흰색 증기를 내는 것을 보고 붙인 이름이지요. 인은 흰색, 붉은색, 검은색을 띠는 세 종류로 나눌 수 있어요. 흰인은 독성이 있고, 가장 반응성이 커서 수류탄 안에 들어가는 물질이에요. 붉은인은 스스로 타지는 않지만 열을 주면 불이 붙기 때문에 성냥 머리를 만드는 데 쓰이지요. 흰인에 압력을 주어 만드는 검은인은 반응성이 가장 작아요. 산소와 결합한 인산염은 식물이 싹을 틔울 때 꼭 필요하기 때문에 비료에도 들어 있어요. 인산염 비료를 너무 많이 쓰면 인산염이 저수지나 강물로 흘러들어가서 조류들이 너무 많이 번식하게 돼요. 그러면 산소가 부족해져서 다른 생물들이 살아가기 힘들어져요. 우리 몸에서 인산은 유전 물질인 DNA와 세포가 활동하는 데 꼭 필요해요. 동물 사료나 청소용품, 금속 코팅제에도 인이 쓰인답니다.

비소 (As)

사람들은 비소가 들어 있는 웅황을 약 5,000년 전부터 사용했어요. 그러다가 13세기 알베르투스 마그누스가 처음으로 웅황에 있는 비소를 분리했지요. 사람들은 밝은 노란색을 띠는 웅황을 물감으로 썼는데, 시간이 지날수록 색이 사라지고는 했어요. 19세기에는 비소를 녹색 벽지를 만드는 데 썼어요. 비소는 독성을 내뿜기 때문에 많은 사람들이 비소 중독으로 죽고 말았지요. 지금은 잘 쓰이지 않지만 특수 유리나 나무 보호제, 전류를 레이저 빛으로 만들 때는 쓰여요. 청동으로 물건을 만들 때 비소를 넣으면 훨씬 더 튼튼하게 만들 수 있어요. 산화비소는 살충제나 가죽이 썩지 않도록 해 주는 방부제와 잡초를 없애 주는 제초제 등으로 쓰여요.

안티몬 (Sb)

안티몬은 고대부터 알려져 있었지만 중세 시대에 연금술사에 의해 분리되었어요. '안티몬'이라는 이름은 '혼자가 아니다'라는 뜻인데, 안티몬이 들어 있는 광물이 항상 다른 광물과 섞여서 발견되었기 때문이에요. 안티몬이 고체가 될 때 부피가 늘어나는 성질을 이용해서 납과 주석 등을 섞어 베어링이나, 축전지, 활자 등을 만들지요. 또 안티몬은 기생충이나 세균을 없애는 약품이나 자동차 부품, 텔레비전, 침대 매트리스 등에도 사용된답니다.

비스무트 (Bi)

비스무트는 독일어로 '흰색 덩어리'라는 뜻이에요. 분홍빛을 띠는 은색의 금속으로 무거운 편이며 매우 쉽게 부서져요. 녹는점이 낮기 때문에 예전에는 퓨즈로 사용되었고 지금은 스프링클러나 화재 감시 장치 등을 만들 때 쓰여요. 소화가 잘 안 될 때나, 상처에 세균이 들어와 염증이 생겼을 때 쓰는 약에도 비스무트가 들어가며, 보라색 화장품을 만들 때도 쓰이지요.

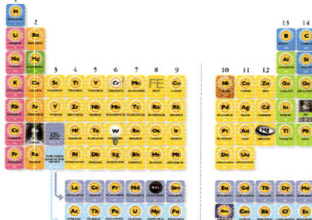

할로겐족과

16족

산소족 원소라고도 불리는 16족 원소들은 황철광 등 금속 광물에서 많이 발견돼요.

산소 O

산소는 그리스 어로 '산을 만든다'라는 뜻이에요. 지구에 가장 풍부한 원소로 우리 몸에서 절반 정도의 무게를 차지해요. 또 어떤 물질이 탈려면 산소가 꼭 있어야 해요. 산소는 일 년에 약 1억 톤씩 공기 중에서 얻을 수 있어요. 주로 공장에서 강철이나 화학 약품을 만들 때 뜨거운 불길을 만들기 위해 쓰이지요.

황 S

황은 예전에는 주로 유황으로 알려져 있었어요. 황을 태우면 이산화황 가스가 만들어지는데, 이것으로 황산이나 화약, 폭죽 등을 만들어요. 또 황산은 산소를 없애는 환원제로 종이나 사진 등을 만드는 데에도 쓰여요.

셀레늄 Se

'셀렌'이라고 불리는 셀레늄은 '달'을 의미하는 그리스 어에서 이름을 땄어요. 셀레늄은 회색의 금속이지만 가루일 때는 붉은색을 띠어요. 전기가 매우 잘 통하기 때문에 광전지, 사진 복사기, 태양 전지, 광도계, 반도체 등에 쓰이지요. 붉은색 유리와 빛 차단 유리를 만드는 데에도 쓰이며, 튼튼한 고무를 만들 때나 도자기나 강철을 붉게 칠할 때도 쓰여요. 우리 몸에 약 14밀리그램 정도가 들어 있는데, 적은 양이지만 우리 몸에서 중요한 일을 해요. 물고기를 먹고 몸속에 쌓인 비소나 탈륨, 수은 등의 중금속을 해독시켜 주기 때문이지요.

텔루르 Te

텔루르는 라틴 어로 '지구'를 뜻하는 '텔루스'에서 이름을 땄어요. 셀렌과 성질이 비슷하고 은색을 띠는 금속이지만 가루일 때는 갈색이나 회색을 띠지요. 텔루르화합물은 독성이 있어서 잘못 먹으면 죽을 수도 있으니 조심하세요. 구리나 스테인리스강에 첨가되면 더 튼튼하고 가공하기 쉬운 금속을 만들 수 있어요. 텔루르를 넣으면 산과 덜 반응하기 때문에 건전지를 만들 때도 사용돼요.

폴로늄 Po

1898년에 마리 퀴리에 의해 발견된 방사성 원소예요. 퀴리는 우라늄의 원석인 피치블렌드를 연구하다가 폴로늄을 분리해 냈지요. 퀴리의 조국인 폴란드의 이름을 딴 폴로늄은 원자로에서 일 년에 100그램씩 정도만 얻어지며, 우주선의 원료로 사용되고 있어요. 폴로늄은 치명적인 독이 있기 때문에 아주 조심스럽게 다루어야 해요. 2006년에는 영국으로 망명한 러시아 사람 리트비넨코가 폴로늄으로 암살당하는 일이 있었지요. 방사선이 새어 나오지 않도록 금박으로 감싼 폴로늄은 공장에서 종이를 둘둘 감을 때나 플라스틱으로 된 얇은 판을 만들 때 정전기를 없애기 위해 사용돼요.

17족

할로겐족 원소는 그리스 어로 '염을 만든다'라는 뜻이에요. 할로겐을 포함하고 있는 화합물을 염류라고 하지요. 할로겐족 원소는 다른 원소를 만나면 쉽게 반응이 일어나요.

불소 F

불소(플루오르)는 라틴 어로 '흐른다'라는 뜻을 갖고 있어요. 불화물(플루오르염)은 원소들이 분리되기 전부터 오랫동안 금속을 용접하고 유리의 윤을 없애는 데 쓰였어요. 지금은 원자력 에너지의 원료인 우라늄을 얻거나 유리를 씻고 반질반질하게 만들 때 쓰여요. 불소화합물인 염화불화탄소는 냉장고나, 에어컨, 스프레이 등에 들어가요. 불소는 이가 상하는 것을 막아 주기 때문에 마시는 물이나 치약에 들어 있어요. 엷은 연두색을 띠고 자극적인 냄새가 나는 불소 가스는 금속을 만나면 눈 깜짝할 사이에 반응하면서 불꽃을 일으켜요.

염소 Cl

염소는 그리스 어로 '엷은 녹색'이라는 뜻을 갖고 있어요. 염소 가스가 녹색을 띠고 있는 데서 온 이름이지요. 1리터의 공기 중에 1000분의 1밀리그램만 있어도 몇 시간 안에 숨이 막혀 죽고 말아요. 염소는 독성이 매우 강해서 세계 1차 대전 때에는 화학 무기로도 사용되었어요. 염소는 주로 소금에 들어 있는데, 종이나 옷을 하얗게 만들 때나 마시는 물을 소독할 때, 수영장 물을 살균할 때 쓰여요. 또 합성고무나 염색제, 플라스틱 등의 물건을 만드는 데도 많이 쓰여요.

비활성 기체

브롬 Br
브롬은 그리스 어로 '악취'를 뜻해요. 프랑스의 화학자 발라르가 바닷말을 태우고 남은 재에서 브롬을 발견했는데 톡 쏘는 냄새가 났기 때문이지요. 브롬화합물은 엔진에서 생기는 납을 없애는 데도 쓰이고 흙에 뿌려서 병균을 없애는 데도 쓰였어요. 아프거나 불안할 때 먹는 진정제에도 브롬이 들어가고 필름을 인화할 때도 브롬이 쓰이지요. 하지만 브롬 액체는 피부를 녹일 정도로 독하고, 브롬화합물 역시 독성이 있기 때문에 지금은 잘 사용되지 않아요.

요오드 I
요오드는 그리스 어로 '보라색'을 뜻해요. 요오드를 가열하면 보라색의 가스가 나오기 때문이지요. 요오드는 바닷말 속에 많이 들어 있어요. 요오드는 우리 몸이 자라고 활동하는 데 꼭 필요한 갑상선 호르몬을 만드는 데 쓰여요. 맨 처음 카메라를 발명하여 사진을 찍었을 때 쓰인 것도 바로 요오드예요. 요오드는 잉크나 염색제를 만들 때나 가벼운 상처를 소독할 때, 필름을 인화할 때도 쓰인답니다.

아스타틴 At
아스타틴은 그리스 어로 '불안정하다'라는 뜻이에요. 이 원소는 원자력 발전소나 실험실에서만 겨우 볼 수 있어요.

18족
18족에 해당하는 원소들은 색깔이 없고 냄새가 나지 않아요. 반응성이 약해 다른 원소와 잘 반응하지 않기 때문에 '비활성 기체'라고 부르지요. 이들은 분자 형태보다는 원자 형태로 존재해요.

헬륨 He
헬륨은 햇빛에서 발견되었기 때문에 그 이름을 '태양'을 뜻하는 그리스 어에서 따왔어요. 헬륨은 천연가스에서 주로 얻으며 금속을 용접할 때나 기상 관측을 위해 하늘로 기구를 띄울 때 쓰여요. 또 심해 잠수정을 채우는 기체나 로켓 연료 등에도 사용돼요.

네온 Ne
네온은 '새로운 것'을 뜻하는 그리스 어에서 나왔어요. 색깔과 냄새가 없는 네온은 지구보다 우주에 더 많이 있는 원소이지요. 네온을 얻으려면 우선 공기를 차게 액화시켜요. 그런 다음 차게 식힌 숯과 활성탄에 차례로 거르면 질소와 헬륨 등이 분리되고 네온만 남지요. 네온은 전류가 흐르면 밝은 주황빛을 내기 때문에 조명에 많이 사용돼요.

아르곤 Ar
아르곤은 다른 원소와 잘 반응하지 않기 때문에 '활동이 없다'는 뜻의 그리스 어로 이름을 붙였어요. 아르곤은 대기에서 세 번째로 많은 기체예요. 아르곤은 높은 온도에서도 다른 원소와 반응하지 않기 때문에 전구 안을 아르곤 가스로 채워요. 아르곤이 내는 푸른 레이저 빛으로 병원에서는 종양을 없애거나 시력을 교정하는 수술을 해요. 아르곤 가스는 공기 중에서 상할 수 있는 오래된 물건이나 문서를 보관하는 데에도 쓰이지요.

크립톤 Kr
크립톤은 그리스 어로 '숨었다'라는 뜻을 가지고 있는데, 그만큼 발견하는 데 애를 먹었어요. 크립톤은 색깔과 냄새가 없고 불소 가스 외에는 다른 물질과 거의 반응하지 않아요. 크립톤의 스펙트럼 선은 잠시 동안 길이를 측정하는 기준으로 사용되기도 했는데, 1미터는 크립톤 파장의 1,650,763.73배이지요. 크립톤은 대기 중에 백만 분의 1만큼만 들어 있어요.

내 고향이 바로 크립톤 행성이야! 상상 속에 있는 행성이지.

크세논 Xe
크세논은 대기 중에서 두 번째로 가장 적은 원소예요. 그래서 그리스 어로 '이방인'이라는 이름이 붙여졌지요. 크세논은 전기가 흐르면 푸른빛을 내기 때문에 사진기 조명 등에 사용돼요. 크세논은 우주선의 연료에도 사용되는데, 크세논 1리터만 있으면 200만 킬로미터를 비행할 수 있답니다.

라돈 Rn
라돈은 라듐이 붕괴해서 만들어져요. 색깔과 냄새가 없고 다른 원소와 잘 반응하지 않지요. 라돈은 라듐처럼 방사선을 내보내기 때문에 오랫동안 들이마시면 폐암에 걸릴 수도 있어요. 우라늄 광물이 묻힌 땅속이나 바위에서 나오는 라돈 기체는 지하 동굴이나 광산에 모여 있기도 하지만 지하실이나 하수관을 따라 집 안에 쌓일 수도 있어요. 일본이나 오스트리아의 온천 중에는 라돈 목욕을 할 수 있는 곳도 있답니다.

낱말 풀이

ㄱ

결합: 두 개의 원자가 바깥 궤도의 전자를 같이 쓰거나 주고받아서 서로 묶이는 것.

고체: 원자들이 서로 단단한 구조로 묶여 있는 상태.

광물: 자연 상태로 얻을 수 있는 물질로 하나 이상의 원소로 되어 있다.

금속: 전기가 잘 통하고 광택이 나는 원소들을 말한다.

기체: 원자들이 서로 멀리 떨어져서 빠르고 복잡하게 움직이는 상태.

끓는점: 일정한 기압에서 액체가 기체로 바뀔 때의 온도.

ㄴ

나노 과학 기술: 원자나 분자 크기의 아주 작은 재료를 다루는 첨단 기술.

녹는점: 일정한 기압에서 고체가 액체로 바뀔 때의 온도.

ㄷ

단열: 열이 잘 통하지 않는 성질.

대전: 전자를 잃거나 얻어서 원자가 전기를 띠는 것. 전자를 얻으면 음전하를 띠고 전자를 잃으면 양전하를 띤다.

도체: 열, 소리, 전기 등을 잘 전달하는 원소.

독성: 건강이나 생명에 해를 끼치는 성질.

ㅂ

반도체: 어떤 상황에서 열, 소리, 전기 등을 아주 잘 전달하는 물질.

반사: 빛이 어딘가에 닿았을 때 나아가던 방향을 반대로 바꾸는 것.

반응성: 원소가 화학 반응을 얼마나 잘 일으키는가 하는 정도.

방사선: 방사성 원소가 뿜어내는 강한 입자나 광선.

방사성 붕괴: 방사성 원소가 다른 방사성 원소로 바뀌는 과정. 반감기는 방사성 원소의 절반이 다른 원소로 바뀌는 데 걸리는 시간을 말한다.

방사성: 핵이 붕괴하면서 방사선을 내며 안정되려고 하는 원소의 성질.

부식: 금속이나 합금이 물이나 산소 등과 만나 상하는 과정.

분자: 화합물의 가장 작은 입자. 두 개 이상의 원자로 되어 있다.

비금속: 열, 전기, 빛 등을 잘 전달하지 않는 원소.

비활성: 원소들이 다른 원소들과 화학 반응을 일으키지 않는 성질.

ㅅ

산화: 어떤 물질이 산소와 결합하거나 수소를 잃는 일.

살균: 박테리아를 비롯한 해로운 미생물들을 없애는 것.

실험: 뭔가를 발견하거나 증명하기 위해 일정한 조건 하에서 이루어지는 과정.

승화: 고체가 액체가 되지 않고 곧바로 기체가 되는 일.

ㅇ

액체: 고체와 기체 사이의 상태. 원자들이 서로 미끄러지면서 움직일 수 있을 정도로는 멀리 떨어져 있고, 충분히 끌어당길 수 있을 정도로 가까이 있는 상태.

양성자: 원자핵을 구성하는 두 개의 주요 입자들 가운데 하나. 양전하를 띠고 있다.

어는점: 일정한 기압에서 액체가 고체로 바뀌는 온도.

엑스선: 눈에 보이지 않는 빛의 종류. 엑스선은 뼈와 이를 통과하지 못하기 때문에 우리 몸속을 살펴보는 데 쓰인다.

연금술: 금속을 금으로 만들고, 영원히 죽지 않게 하는 약을 만들려던 화학 기술.

염: 금속이 비금속과 결합된 결정.

온도: 어떤 물질의 뜨겁거나 차가운 정도.

용해: 액체에 고체를 녹이는 것.

원소: 한 종류의 원자로 이루어진 물질의 가장 단순한 형태. 모든 물질은 하나 이상의 원소로 이루어져 있다.

원소 기호: 원소를 표시하기 위하여 사용되는 문자. 화학식을 쓰는 데 사용된다.

원자: 원자핵과 그 주위를 도는 전자로 이루어진 작은 알갱이.

원자량: 지구에서 자연 상태로 존재하는 원자의 평균 무게.

원자로: 새로운 방사성 원소를 만들어 내는 기구. 중성자가 특정 원자핵에 결합하여 붕괴되면 더 많은 중성자를 방출하면서 폭발 반응을 일으켜 열을 만들어 낸다.

원자 번호: 원자의 핵 속에 들어 있는 양성자의 수. 보통 같은 수의 전자를 가지고 있다.

원자핵: 원자를 이루는 물질로 양성자와 중성자로 이루어져 있다.

ㅈ

자성: 철과 같은 금속이 자석에 달라붙는 성질.

전기 분해: 화합물에 전기를 흘려보내서 원소들을 분해하는 과정.

전성: 물질을 두드리거나 누르면 얇게 펴지는 성질.

전이원소: 주기율표에서 4~12족까지의 원소. 대부분 단단하고 녹는점과 끓는점이 높으며 전기가 잘 흐르는 도체이다.

전자: 양성자, 중성자와 함께 원자를 구성하는 주요 입자들 중 하나. 원자핵 주위를 돌며 음전하를 띠고 있다. 원자의 맨 바깥쪽 궤도를 도는 전자의 수에 따라 화학적 성질이 달라진다.

주기율표: 알려진 모든 원소들을 분류해 놓은 표.

중성자: 원자핵을 구성하는 입자로 전하를 띠지 않는다.

진공: 기체를 비롯한 물질이 없거나 거의 없는 공간.

ㅎ

할로겐: 주기율표에서 17족에 있는 비금속 원소들.

합금: 두 가지 이상의 금속이 혼합된 것을 말한다.

현자의 돌: 연금술사들이 금속을 금으로 바꿀 수 있을 뿐만 아니라 영원한 생명을 누릴 수 있도록 해 준다고 믿은 물질.

형광: 물질이 빛을 받아 고유의 빛을 내는 것.

화학 반응: 원자들이 결합하는 방식이 바뀌어 새로운 화합물을 만들어 내는 것.

화학: 원소들의 성질과 반응을 연구하는 과학.

화학식: 원소 기호로 된 식. 분자나 화합물을 이루는 원자의 수와 종류를 보여 준다.

화합물: 둘 이상의 원소들이 서로 강하게 결합되어 있는 것.

찾아보기

ㄱ
가돌리늄 86
갈륨 90
게르마늄 73, 90
구리 47, 56-58, 60, 64, 89
규소 44, 56-57, 66, 72-73, 90
금 27, 62-64, 89

ㄴ
나트륨 43, 45, 48, 58, 65, 84
납 57, 69, 91
네오디뮴 86
네온 30-31, 93
넵투늄 87
노벨 39
노벨륨 87
니오븀 88
니켈 64-65, 81, 89

ㄷ
다름슈타튬 87
더브늄 87
데모크리토스 11
돌턴 18
디스프로슘 86

ㄹ
라돈 93
라듐 23, 31, 85
라부아지에 17
란탄 86
러더퍼드 24
러더포듐 87
레늄 88
로듐 89
로렌슘 25, 87
뢴트게늄 87
뢴트겐 22
루비듐 84
루테늄 89
루테튬 83, 86
리튬 58, 84

ㅁ
마그네슘 30, 42, 44-46, 52-53, 59, 65, 85
마그누스 14
마이트너륨 87
망간 43, 47, 88
메탄 18
멘델레븀 87
멘델레예프 21
물 32, 33, 43-45

ㅂ
바나듐 88
바륨 58, 85
백금 89
버클륨 25, 87
베릴륨 85
보륨 87
보어 25
보일 16
불소 27, 43, 45, 92
붕소 83, 90
브롬 93
비소 56, 68, 91
비스무트 30, 83, 91

ㅅ
사마륨 86
산소 7, 19-20, 30, 32, 35-37, 41, 43-44, 55-56, 59, 65, 72, 92
세륨 65, 86
세슘 84
셀레늄 47, 56, 69, 92
소금 43, 47-49, 79
수소 7, 19-20, 30-33, 42-44, 65, 84
수은 12, 57, 66-68, 76-77, 89
스칸듐 83, 86
스트론튬 58, 85
시보그 25-26
시보르기움 25, 87

ㅇ
아르곤 31, 64, 66-67, 93
아메리슘 25, 64, 87, 93
아연 46, 56, 59, 65, 88-89
아인시타이늄 87
악티늄 87
안티몬 57, 68, 91
알루미늄 45, 56, 58-59, 64, 70-71, 90
에르븀 86
엠페도클레스 10-11
연금술 12-14
연소 37
염소 43, 45, 48, 64-65, 78, 92
오스뮴 89
요오드 43, 46, 93
우라늄 22-23, 30, 87
유로퓸 64, 86
은 27, 60-61, 64, 77, 89
이리듐 89
이테르븀 86
이트륨 86
인 15, 31, 42, 46, 67, 91
인듐 90

ㅈ
주석 90
질소 30-31, 38-39, 43, 59, 91

ㅊ
채드윅 25
철 30, 42, 45, 47, 54-56, 59, 89

ㅋ
카드뮴 56, 64, 69, 89
카오스 16
칼륨 47, 58-59, 65, 84
칼리포르늄 25, 87
칼슘 31, 42-47, 50-51, 56, 58-59, 64-66, 85
코발트 47, 56-57, 89
퀴륨 87
퀴리 23
크롬 47, 64-65, 88
크립톤 64, 93
크세논 93

ㅌ
탄소 7, 30-31, 40-42, 44, 56-57, 59, 81, 90
탄탈 88
탈륨 69, 90
텅스텐 64, 67, 88
테르븀 86
테크네튬 88
텔루르 92
토륨 87
톰슨 24
툴륨 86
티타늄 56, 65, 81, 88

ㅍ
팔라듐 89
페르뮴 87
폴로늄 23, 68, 92
프라세오디뮴 86
프랑슘 84
프로메튬 86
프로트악티늄 87
프리스틀리 17
플라멜 14
플로지스톤 17
플루토늄 87
피치블렌드 23

ㅎ
하슘 87
하프늄 88
헬륨 30-31, 34-35, 93
홀뮴 86
황 31, 42, 44-45, 56, 59, 64, 65, 74-75, 92

Acknowledgements

Dorling Kindersley would like to thank the following people for help with this book: Lisa Magloff, Fleur Star, Myriam Megharbi, Martin Copeland.

The publisher would like to thank the following for their kind permission to reproduce their photographs:

(Key: a-above; b-below/bottom; c-centre; f-far; l-left; r-right; t-top)

Alamy Images: 69bl; Mick Broughton 45l; Bruce Coleman Inc. / Edward R. Degginger 44clb, 69ftr; Classic Image 17br; Kathy de Witt 55tr; Digital Archive Japan 26cla; flash bang wallop 68bl; Foodfolio 28c; D. Hurst 55cra; ImageState / Pictor International 12tc, 27cl, 76tc, 76tl, 77bl, 77br, 82bc, 96bc, 96bl; Imagina Photography(www.imagina.bc.ca) Atsushi Tsunoda 89; Imagina Photography (www.imagina.bc.ca) / Tsunoda 8-9; JG Photography 78-79t; Emmanuel Lattes 73cla; Gareth McCormack 69bl (background); Ian Miles / Flashpoint Pictures 78br; Charlie Newham 7br; Pictorial Press Ltd 14br; The Print Collector 49clb; Mark Sykes 63 (background); Travelshots 54clb; **Ardea:** John Daniels 28br, 42bl, 42-43c; **The Art Archive:** British Library, London 12c; **The Bridgeman Art Library:** Derby Museum and Art Gallery, UK 15br; **Corbis:** Yann Arthus-Bertrand 39bl; Bettmann 3bl, 11br, 12bl, 19br, 68tr, 76bl, 77c; Blue Lantern Studio 68tc; Lee Cohen 32br; Chris Collins 50c; Nathalie Darbellay / Sygma 14-15t; Tim Davis 74br; Digital Art 32-33, 80-81b; Jose Fuste Raga 6b; Gunter Marx Photography 75bl; H et M / photocuisine 75br; Lindsay Herbberd 49cla; Matthias Kulka 40t; Matthias Kulka / zefa 45tr; Mark M. Lawrence 72cl; NASA 33cr, 36t; Charles O'Rear 67tc, 72bl; Roger Ressmeyer / NASA 28tc, 31tr; Reuters 69tc; Guenter Rossenbach / zefa 28tl, 54-55b; Stapleton Collection 11cr, 15c; Les Stone / Zuma 73clb; Hein van den Heuvel / zefa 67r; Nik Wheeler 49c; Douglas Whyte 70-71; Zefa 51tl, 58c; **DK Images:** Anglo-Australian Observatory 6-7t (background); British Museum 11crb, 48ca, 60bc, 60cra, 60tc, 60tr, 62cb, 63bc, 63bl, 63br, 63crb, 63fbr, 63fcr, 89tl; Egyptian Museum, Cairo 62cra; Football Museum, Preston 63cra; IFREMER, Paris 88bl; Jamie Marshall 49tl; Judith Miller / Fellows & Sons 89tc (ring); Judith Miller / Antique Glass - Frank Dux Antiques 69tr; Judith Miller / Biblion 69bc; Judith Miller / Keller & Ross 89bl; Judith Miller / Wallis and Wallis 93br; National Motor Museum, Beaulieu 1tl (car); Natural History Museum, London 44cl; Stephen Oliver 41br, 81fbl, 95; Oxford University Museum of Natural History 44cla; Pitt Rivers Museum, University of Oxford 8tl; Rough Guides 89tc, 91tr; Science Museum, London 20cl, 25tr, 45tc; **Getty Images:** Scott Andrews 35ca, 82l; Barry Austin Photography / Riser 78bc; Gary S. Chapman / Photographer's Choice 32-33c; Peter Dazeley 83br, 96l; Peter Dazeley / The Image Bank 61cra; Discovery Channel Images / Jeff Foott 79bl; Jeremy Frechette / The Image Bank 61c; Photographer's Choice / Victoria Blackie 81crb; Antonio M. Rosario 11c; Nicolas Russell 35t; Craig van der Lende / The Image Bank 17cr; **naturepl.com:** Neil Lucas 74bl; **Science Photo Library:** 10tl, 13br, 16b, 16c, 16t, 16-17c, 17cl, 18bl, 18tl, 21bl, 21br, 22tr, 34bl, 39c, 39tl, 42cl, 46crb, 58tc, 78cl; Andrew Lambert Photography 45ca, 66tr; George Bernard 60cl; Ken Biggs 63 (circuit board); Martyn F. Chillmaid 17cla; Lynette Cook 36b; Kevin Curtis 89tr; Roberto De Gugliemo 66cr; John Foster 32cl; Mark Garlick 30tc, 30tl, 31tc; Pascal Goetgheluck 60c, 81br; Klaus Guldbrandsen 23br, 39tr, 82br; Coneyl Jay 84cb; Ben Johnson 71br; James King-Holmes 41cb, 84c; Ton Kinsbergen 86bl; Mehau Kulyk 54cl; Russ Lappa 56 (titanium), 57 (cobalt); Leonard Lessin 84bl; Dr P. Marazzi 61tr; George Mattei 88cr; Astrid & Hanns-Frieder Michler 23cl; NASA 31cr; Susumu Nishinaga 28cr, 54tr; Omikron 25br; David Parker 67bc, 87tr; Alfred Pasieka 67c; Photo Researchers 22tl, 75cra; C. Powell, P. Fowler & D. Perkins 22-23; Philippe Psaila 35br; Gary Retherford 13bl; J.C. Revy 57crb; Ria Novosti 21tl, 23cr, 87br; Alexis Rosenfeld 35bl; Bill Sanderson 5t, 8cl; John Sanford 34tr, 82tr, 94tr; Mark A. Schneider 22bc, 22bl, 22br; Josh Sher 84cr; Sinclair Stammers 50t; Michael Szoenyi 87bl, 89ca; TEK Image 54cra; Sheila Terry 8tr, 14tl, 18br; Rich Treptow 57 (cadmium); Alexander Tsiaras 86rc; US Library Of Congress 27br; Dr Keith Wheeler 28cb, 73tc; Charles D. Winters 43c, 47bl, 56 (selenium)

JACKET IMAGES: Front: **DK Images:** National Motor Museum, Beaulieu tl (car)

All other images © Dorling Kindersley
For further information see:
www.dkimages.com